Inhalt

I. Vorab

II. Klausuren

III. Methoden

Übersichten * Prüfschemata

I. Vorab

Lektion 1: Steuerrechtsprüfungen

Warum dieses Buch?

Die Klausuren im Steuerrecht sind durch hohe Durchfallquoten bzw. schlechte Prüfungsergebnisse gekennzeichnet. Es bestehen zum Beispiel regelmäßig nur 50 % oder noch weniger der Teilnehmer die schriftliche Steuerberaterprüfung. Aber auch die, die bestehen, gehen oft nur mit einer Vier als Vornote in die mündliche Prüfung. In einem kürzlich abgeschlossenen Prüfungsjahr zum Beispiel bestanden bundesweit nur 49,9 % der Teilnehmer die komplette Prüfung. Ein ähnliches Bild ist bei den Steuerrechtsklausuren im Studium oder in der Ausbildung zum höheren oder mittleren Dienst der Finanzverwaltung zu beobachten.

Woran liegt das?

Das schlechte Abschneiden hängt mit dem anspruchsvollen Themengebiet, dem hohen Schwierigkeitsgrad und den Überschneidungen mehrerer Rechtsgebiete zusammen.

Wer eine Steuerrechtsklausur bearbeiten will, kann sich plötzlich zusätzlich mit

- rechtswissenschaftlichen
- finanzwissenschaftlichen
- betriebswirtschaftlichen oder
- zivilrechtlichen

Fragestellungen konfrontiert sehen.

Das Ziel des Buches ist es, Sie beim erfolgreichen Bestehen von Steuerrechtsklausuren zu unterstützen.

Das Buch richtet sich an Steuerberateranwärter, Studierende der Finanzverwaltung, angehende Steuerfachwirte, Bilanzbuchhalter oder Steuerfachangestellte. Auch Studenten an Universitäten und Hochschulen finden für ihre Klausuren im Steuerrecht wertvolle Hinweise, Grundlagen und Techniken.

Das eigentliche Klausuren schreiben ist jedoch nur die letzte Bergetappe einer langen Wanderung. Zu einem erfolgreichen Bestehen dieser anspruchsvollen schriftlichen Prüfungen gehört eine optimale Vorbereitung.

Aus diesem Grunde ist das Buch auch breiter aufgestellt. Es ist so gegliedert, dass es neben dem eigentlichen Schwerpunktthema - die steuerrechtlichen Klausuren - auch Hinweise für das Lernen und Klausuren schreiben enthält:

a) Anfangs werden im Teil I (diesem Teil) die Grundlagen der Klausuren im Steuerrecht näher beleuchtet.

b) Der Hauptblock (Teil II) des Buches ist der systematischen Darstellung der Hauptklausuren und deren Prüfungsschwerpunkten gewidmet.

c) Als Ergänzung befasst sich das Buch in Teil III mit einer umfassenden Darstellung der Methoden zur Vorbereitung und Erstellung von Klausuren.

Es steht Ihnen frei, womit Sie beginnen. Sie können sich erst mit den Methoden des Teiles III auseinandersetzen und dann zur konkreten Vorbereitung der Klausuren in Teil II gehen, oder aber die Lernmethoden tatsächlich als Abschluss lesen. Haben Sie dann das Buch erfolgreich durchgearbeitet, haben Sie genügend Handwerkszeug erhalten, damit auch Sie sagen können:

Klausuren im Steuerrecht? ... leicht gemacht!

Der Ablauf der Steuerrechtsprüfungen

Die schriftlichen Prüfungen in der Finanzverwaltung

Wer bei der Finanzverwaltung die Ausbildung durchläuft, kommt naturalmente nicht um die Steuerrechtsklausuren herum.

Die Ausbildung in der Finanzverwaltung kann im sogenannten **mittleren** oder **gehobenen** Dienst erfolgen. Der Abschluss des mittleren Dienstes ist der eines Finanzwirtes. Wird die gehobene Laufbahn eingeschlagen, ist der Abschluss mit einem Diplom versehen (Diplom-Finanzwirt/-in).

Prüfungen der mittleren Laufbahn

Nach dem letzten Abschnitt der fachtheoretischen Ausbildung ist die wiederholbare Laufbahnprüfung abzulegen. Sie umfasst im schriftlichen Teil fünf dreistündige Klausuren in den Fächern

- Allgemeines Abgabenrecht,
- Steuern vom Einkommen und Ertrag,
- Umsatzsteuer,
- Buchführung und Bilanzwesen und
- Steuererhebung oder Staats- und Verwaltungskunde

Die Laufbahnprüfung wird mit einem mündlichen Teil abgeschlossen.

Prüfungen der gehobenen Laufbahn

Während des Grundstudiums, das spätestens einen Monat nach Eintritt in den Vorbereitungsdienst beginnt, ist nach mindestens vier höchstens sechs Monaten Fachstudien eine wiederholbare Zwischenprüfung abzulegen.

Die Zwischenprüfung besteht aus fünf dreistündigen Klausuren in den Fächern

- Abgabenordnung (ohne Vollstreckungs- und Steuerstrafrecht),
- Steuern vom Einkommen und Ertrag,
- Umsatzsteuer,
- Bilanzsteuerrecht, betriebliches Rechnungswesen,
- Bewertungsrecht und Vermögensbesteuerung **oder**
- Privatrecht **oder**
- Öffentliches Recht.

Am Ende des Hauptstudiums ist die ebenfalls wiederholbare Laufbahnprüfung abzulegen. Sie umfasst fünf fünfstündige Klausuren in den Fächern

- Abgabenrecht,
- Steuern vom Einkommen und Ertrag,
- Umsatzsteuer,
- Bilanzsteuerrecht, betriebliches Rechnungswesen und Außenprüfung,
- Besteuerung der Gesellschaften

sowie eine mündliche Prüfung.

Die schriftliche Steuerberaterprüfung

Die schriftliche Steuerberaterprüfung ist dreitägig und findet jährlich Anfang Oktober statt. Die schriftliche Prüfung besteht aus drei Klausuren:

- Gemischte Klausur (Abgabenordnung/Finanzgerichtsordnung/Umsatzsteuer/Erbschaftsteuer und Bewertungsrecht)
- Ertragssteuerklausur (Einkommensteuer, Körperschaftsteuer, Gewerbesteuer)
- Buchführung- und Bilanzklausur

Für die Beantwortung jeder Klausur stehen sechs Zeitstunden zur Verfügung. Die Prüfungen werden deutschlandweit zur gleichen Zeit begonnen und beendet.

Die Themen sind ebenfalls länderübergreifend festgelegt.

Damit Sie an der schriftlichen Prüfung teilnehmen können, sind bestimmte **Voraussetzungen** zu erfüllen:

a) ein abgeschlossenes wirtschaftswissenschaftliches oder rechtswissenschaftliches **Hochschulstudium** und mindestens zweijährige einschlägige Berufserfahrung, bzw. dreijährige Berufserfahrung bei einem Bachelorstudium oder

b) eine abgeschlossene kaufmännische Ausbildung und eine erfolgreiche Fortbildung zum **Steuerfachwirt/Bilanzbuchhalter** und eine mindestens siebenjährige praktische Berufserfahrung auf dem Gebiet des Steuerrechts oder

c) eine abgeschlossene **kaufmännische Ausbildung** und mindestens zehnjährige praktische Erfahrung auf dem Gebiet des Steuerrechts.

d) Beamter der Finanzverwaltung des gehobenen Dienstes mit mindestens siebenjähriger Berufserfahrung

Die erfüllten Voraussetzungen sind jeweils nachzuweisen.

Erst danach erfolgt die offizielle Einladung zur schriftlichen Prüfung.

Um als finalen Schritt zur mündlichen Prüfung zugelassen zu werden, müssen Sie in der schriftlichen Prüfung einen Zensuren-Durchschnitt von 4,5 erreichen.

Das klingt nicht schwer. Die Realität sieht allerdings anders aus. Jedes Jahr bestehen ca. 50 % der Prüflinge dieses Examen nicht. Dazu kommen die Prüflinge, die während der schriftlichen Prüfung zurücktreten. Das ist an jedem Prüfungstag möglich.

Treten die Prüflinge während der Prüfung zurück oder erst gar nicht an, gilt das als an der Prüfung nicht teilgenommen. Da nach dem dritten Versuch, diese hochkomplexe Prüfung zu bestehen, endgültig Schluss ist, nehmen diese Möglichkeit noch einmal 10 – 20 % der angemeldeten **Steuerberateranwärter** wahr und treten während der schriftlichen Prüfungstage zurück. In einem kürzlich abgeschlossenen Prüfungsjahr zum Beispiel 11,5% Rücktritt während der Prüfung, 11,2% gar nicht erst angetreten.

Die Steuerberaterprüfung obliegt der Hoheit der **Steuerberaterkammern** der Länder. Der sogenannte Prüfungsausschuss korrigiert die schriftlichen Arbeiten. Dabei wird jede Arbeit von mindestens zwei Korrektoren bewertet. Bei Unstimmigkeiten über die zu vergebene Zensur, oder über die allgemeine Bewertung der Klausuren, erfolgt am Ende der Korrekturphase eine **Notenkonferenz.** Nach Abschluss der Notenkonferenz werden die Prüfungsergebnisse den Teilnehmern **schriftlich** bekanntgegeben. Wer bestanden hat, wird zur mündlichen Prüfung eingeladen. Die mündlichen Prüfungen beginnen ca. zwei Wochen nach Bekanntgabe der schriftlichen Prüfungsergebnisse.

Wer durchgefallen ist oder auch sonst mit der Note „nicht einverstanden ist", hat die Möglichkeit, gerichtlich gegen die Vergabe der Note vorzugehen. Bevor der **Klageweg** beschritten wird, besteht natürlich die Möglichkeit sich die Klausuren unter Aufsicht, zusammen mit den Korrekturvermerken der Prüfer, anzusehen.

Die Prüfung wird zwar länderübergreifend an einem festen Termin geschrieben. Jedoch erfolgt die **Bekanntgabe** nicht ländereinheitlich. So kann es ganz gut passieren, dass die ersten Examensteilnehmer aus Hamburg in der mündlichen Prüfung sitzen und z.B. die Berliner immer noch auf ihre Noten warten.

Nach Aussage der Steuerberaterkammer Berlin existiert kein allgemeines Lösungsschema, das es stur abzubilden gilt. Die zu lösenden Sachverhalte sind zwar gepunktet, aber der Weg zu den zu vergebenden Punkten ist dem Prüfungsausschuss bzw. den einzelnen Mitgliedern nicht vorgegeben. Es ergeben sich jedoch klausurtaktische Grundsätze, die nachfolgend detailliert behandelt werden.

Internetforen

Als Internetnutzer und im Wege der Vorbereitung stolpert man über diverse Internetforen. Zum Teil werden diese von den Lehrgangsträgern ins Leben gerufen, zum Teil werden diese von anderer kommerzieller Seite betrieben oder sie werden privat aufgebaut.

Machen diese Foren Sinn? Hier sollte jeder seinen Bauch fragen.

Es ist natürlich schön, sich mit Leidensgenossen auszutauschen, auch mal Luft ablassen zu können, Fragen zu stellen und Antworten zu bekommen.

Für einige Prüflinge sind diese Foren eine willkommene Bereicherung der Vorbereitung, bzw. für den Zeitraum zwischen Abgabe der schriftlichen Prüfung bis zur Notenbekanntgabe.

Es ergeben sich natürlich auch Nachteile:

- Wie jede Internetseite können diese Foren auch unheimlich viel Zeit kosten. Zeit, die an einer anderen Stelle der Vorbereitung fehlt.

- Sie wissen nicht, ob die fachlichen Antworten, die Sie auf Ihre Fragestellungen erhalten, tatsächlich hundertprozentig stimmen. Der Antwortgeber ist anonym. Sie können seinen fachlichen Background nicht abschätzen.

- Foren eignen sich natürlich auch wunderbar für die Gerüchteküche und für Panikmache (z.B. über Lösungsansätze) die, einmal nach der schriftlichen Prüfung verinnerlicht, diverse schlaflose Nächte hervorrufen können.

Nachfolgend erhalten Sie eine kleine Auswahl der Foren.

Übersicht 1: Internetforen

Name	Adresse	Bemerkung
GFS Forum	http://www.gfs-berlin.de/berlin-forum	Forum der GFS Steuerfachschule, aufgebaut wie die Foren der anderen Seminaranbieter Knoll und Haas
Haas-Forum	http://www.lwhaas.de	Forum des Lehrgangswerk Haas, unterteilt für Steuerberater, Steuerfachwirte, Bilanzbuchhalter und Wirtschaftsprüfer, viele Steuerthemen und viele Diskussionen rund um die Prüfungen
Knoll Forum	http://www.knoll-steuer.com/forum/	Forum des Steuerrechtsinstitut Knoll, wie das Haas-Forum schwerpunktmäßig Steuerberaterprüfung aber auch andere Steuerthemen
my BB	http://www.roland.someserver.de/forum/	Beiträge können nur durch steuerlich, vorgebildete Personen verfasst werden. Diskussionsforum rund ums Steuerrecht und Praxistipps für die Arbeit
NWB Community	http://www.nwb-community.de	Forum des NWB Verlages, kostenlose Registrierung dient dem Erfahrungsaustausch und der Netzwerkbildung
SteuerexTra	http://www.steuerdozent.de/forum/	kleineres Forum von Steuerberater Examenstraining Hans-Jürgen Schuster, rund um die Prüfung

Kein Forum im herkömmlichen Sinne, aber auch eine sehr schöne Seite mit vielen nützlichen Tipps und Links ist „prüfung-bestehen.de“. Dort werden Hinweise zu Lerntechniken gegeben, aber auch zu erlaubten und sehr nützlichen Hilfsmitteln für die Prüfung.

Lektion 2: Klausurenmanagement

Die fünf allgemeinen Klausurgrundsätze

Los geht es mit den bekannten fünf Grundsätzen für das konkrete Schreiben der Klausuren.

1. Grundsatz: Sparen Sie nicht an Ihren Arbeitsmitteln!

Bilden Sie sich zum Beispiel zum Steuerberater weiter, haben Sie wahrscheinlich einige tausend Euro in die Vorbereitung der Prüfungen investiert. Die Prüfung sollte nicht daran scheitern, dass Sie – überspitzt formuliert – mit einem Bleistiftstummel fünf bzw. sechs Stunden schreiben müssen oder die Umsatzsteuer im Kopf ausrechnen, weil Sie den Taschenrechner vergessen haben.

- Haben Sie immer mindestens ein Ersatzschreibgerät bei.
- Benutzen Sie ein Lineal.
- Nutzen Sie einen eingeübten Taschenrechner mit frischer Batterie.
- Verwenden Sie eine Uhr zur Zeitkontrolle.
- Denken Sie auch an ausreichende Getränke und Nahrungsmittel.

Sechs bzw. fünf Stunden können sehr lang werden!

Notwendig sind natürlich auch die zugelassenen Textausgaben folgender Gesetze (verlagsunabhängig):

Abgabenordnung	Grunderwerbsteuergesetz
Aktiengesetz	Grundsteuergesetz
Außensteuergesetz	Handelsgesetzbuch
Bewertungsgesetz	Investitionszulagengesetz
Bürgerliches Gesetzbuch	Körperschaftsteuergesetz

Einkommensteuergesetz	Steuerberatungsgesetz
Erbschaftsteuer/Schenkungssteuer	Umsatzsteuergesetz
Finanzgerichtsordnung	Umwandlungsgesetz
Gewerbesteuergesetz	Umwandlungssteuergesetz
GmbH Gesetz	Verwaltungszustellungsgesetz

Achten Sie auf einen aktuellen Rechtsstand!

Sortieren Sie nicht erst zwei Tage vor Beginn der Prüfung (bei Loseblattsammlungen) die Nachlieferungen ein, nur um festzustellen, dass die komplette Überarbeitung der Einkommensteuerrichtlinie auf dem Postwege verloren gegangen sein muss.

Halten Sie auch neben der aktuellen die vorhergehende Gesetzesfassung parat. Die Gesetze dürfen keinerlei fremden Text enthalten!

Erlaubt sind Unterstreichungen, Griffregister (mit §-Angabe oder Leitsatzangabe) zum schnellen Auffinden der Gesetze und Markierungen.

2. Grundsatz: Richtig Markieren

Markierungen und besonders farbige Markierungen sollten nur sparsam verwendet werden und das aus mehreren Gründen:

- Gerade bei Loseblattsammlungen werden die Gesetzestexte kontinuierlich aufgefrischt. Während der Ausbildung und der Vorbereitung auf die Prüfung sortieren Sie eine Menge Gesetze aus und wieder ein. Um den Sinn der Markierungen zu erhalten, müssen Sie also die Altmarkierungen neu übertragen.

- Haben Sie zu viel markiert, wirkt das ganze unleserlich und verwirrend. Der Sinn des Markierens wird verfehlt.

Beginnen Sie Ihre Markierungskarriere mit Unterstreichungen; am besten mit einem Bleistift. Im Nachhinein überflüssige Markierungen können so leicht entfernt werden. Markierungen über die Sie während Ihrer Vorbereitung ständig stolpern, können farbig hervorgehoben werden.

Sagt Ihnen Ihr Dozent „markieren Sie", dann tun Sie es auch bitte. Diese Passagen können immer prüfungsrelevant sein.

Vorbereitungstipp:

Kaufen Sie sich ein flexibles Lineal. Das passt sich besser den gewölbten Seiten der „roten Blöcke" an und dadurch lassen sich die Passagen leichter unterstreichen.

Vergessen Sie nicht in der Vorbereitung einen kleinen Locher einzupacken. Oft werden ungelochte Fallsammlungen, Lösungen etc. ausgesteilt. Ohne Locher entstehen entweder neue „Loseblattsammlungen" oder unschöne eingerissene Unterlagen.

3. Grundsatz: Auch von der Form hängt die Note ab

Versuchen Sie sich die Arbeit eines Korrektors vorzustellen. Dieser sitzt zumeist in den Abendstunden über Ihrer Arbeit und versucht zuerst wohlwollend und dann zunehmend verärgert – wegen der Form und der Unleserlichkeit Ihrer Gedanken – die Klausur zu benoten.

- Lassen Sie diesen Ärger erst gar nicht aufkommen.
- Sicherlich ist es immens wichtig, was Sie schreiben.

Es ist aber auch sehr wichtig, wie Sie etwas schreiben.

Das gilt umso mehr, wenn es darum geht, ob es diesen halben Punkt für die Antwort noch gibt oder nicht.

Also,

- Verwenden Sie zum Durchstreichen immer ein Lineal.
- Verzichten Sie auf Korrekturmäuse.
- Versuchen Sie eine akzeptable Schreibschrift abzuliefern.

- Neue Sachverhalte und Aufgabenstellungen bitte immer auf einer neuen Seite beginnen. So können Sie ohne Platzangst weitere Erkenntnisse, die Ihnen im Laufe der Bearbeitung anderer Aufgaben kommen, problemlos hinzufügen und vermeiden das Schreiben zwischen den Zeilen bzw. die Vergabe von Sternchen, Kreuzen und ähnlichen Symbolen aus dem Irrgarten.

- Der vorgegebene Korrekturrand (ca. 6 cm) ist unbedingt einzuhalten, bitte nicht darüber schreiben.

- Unterstreichen Sie wichtige Aussagen.

- Bilden Sie Absätze.

- Hauptsatz! Hauptsatz! Hauptsatz! Kurze prägnante Sätze statt Schachtelsätzen.

- Das wirkt kompetenter als das Verstecken hinter den Wortschlangen.

- Nehmen Sie jede Übungsklausur so ernst als sei es der Ernstfall, auch was das Layout betrifft. So üben Sie ständig, und die Grundvoraussetzungen gehen Ihnen in Fleisch und Blut über.

4. Grundsatz: Der Klausurbeginn

Sie lesen die Aufgabenstellungen und haben Zweifel, womit Sie beginnen sollen?

In dem Fall beginnen Sie immer mit Ihrem Lieblingsfach, bzw. dem Thema in dem Sie sich sicher fühlen. Das hat den Vorteil, dass Sie sich warm schreiben und so leichter die Klausur ohne unnötige Zeitverluste beginnen können. Und während Sie das erste Thema niederschreiben, denkt Ihr Gehirn parallel über die Lösung der folgenden Aufgaben nach.

5. Grundsatz: Das Erfassen der Aufgabenstellung

- Beginnen Sie die Aufgabenstellung am Ende zu lesen. Denn, lesen Sie zuerst die Fragestellung und die Schwerpunkte der Aufgabe, haben Sie sich bereits mental auf die Richtung der Aufgabe eingestellt.

Ihrem Kopf gelingt es so leichter, wichtige, relevante Informationen zu erkennen.

- Lesen Sie jede Aufgabe, erst einmal **ohne Kommentierungen**.
- Beim zweiten Lesen können Sie auf einem Extrablatt Stichpunkte notieren, die Ihnen gerade in den Sinn kommen, oder beginnen wichtige Details der Aufgabenstellung zu markieren.
- Falls notwendig, malen Sie sich die Aufgabenstellung auf. Soweit Sie es beherrschen, verwenden Sie dafür die Mindmap Technik (siehe hinten).
- Glauben Sie der Aufgabenstellung!
- Jedes Detail ergibt für die Lösung einen Sinn. Sie müssen nicht den Korrektor von der Lebensferne des Sachverhaltes überzeugen, sondern von Ihrem Fachwissen. Also verschwenden Sie keine Zeit auf Nebenkriegsschauplätzen.
- Beantworten Sie beim Lösungsentwurf den Sachverhalt und keinen Alternativsachverhalt.
- Gerade beim Lösungsbeginn ist es enorm wichtig, den richtigen Weg zu finden.
- Vollste Konzentration!
- Sie müssen auf dem Weg bleiben.
- Prüfen Sie nur Fragestellungen, die für die Lösung relevant sind.

Beispiel: In der Verfahrensrechtklausur wird der Einkommensteuerbescheid 01 im September 02 erlassen. Sie müssen nicht den Zinslauf prüfen, weil der Bescheid offensichtlich außerhalb des Zinslaufbeginns erlassen wurde. Um vielleicht einen halben „Fußgängerpunkt zu ergattern, sollten Sie diesen Sachverhalt aber negativ abgrenzen. Also, schreiben Sie einen kurzen Satz, dass keine Zinsen anfallen, weil der relevante Zinslauf noch nicht begonnen hat.

Leitsatz 1

Negative Abgrenzung

Eine Negativabgrenzung bei einer Klausurlösung schließt Sachverhalte in einem kurzen Satz aus, da diese offensichtlich nicht zutreffen. Negativabgrenzungen sollten nur für wahrscheinliche Sachverhalte verwendet werden. Negativabgrenzungen gehören in der Regel in den Aufgabeneinstieg.

Klausurenmanagement

Unerlässlich in der Vorbereitung, ist das Klausurentraining:

- Proben Sie so oft wie möglich den Ernstfall.
- Nutzen Sie jede sich Ihnen bietende Gelegenheit. Schreiben Sie die Klausuren nach.
- Entwickeln Sie ein Gefühl, wie lang oder wie kurz die fünf bis sechs Stunden sein können.
- Lernen Sie Ihr individuelles Schreibtempo bis ins kleinste Detail kennen.
- Lernen Sie an den Fällen zu verzweifeln und dennoch die notwendigen Punkte zu sammeln.

Nicht sinnvoll ist es in der Vorbereitung – bei Übungsklausuren – bereits nach ein, zwei Stunden aufzustehen und den Raum zu verlassen, weil Sie die Fälle als zu abgehoben bzw. zu schwierig empfinden. Sie haben dafür bezahlt, mit Ihrem Geld, mit Ihrem Schweiß!

Und keiner hat Ihnen im Vorfeld Spaß versprochen. Besiegen Sie Ihren inneren Schweinehund und schreiben Sie. Schreiben Sie!

Übersicht 2: Nützliche Hilfsmittel für die Prüfung und Vorbereitung

Hilfsmittel	Erläuterung
Buchstützen	unerlässlich für Ordnung am Arbeitsplatz, Gesetze stehen auf dem Tisch und können problemlos geblättert werden, gibt es von einfach bis Luxus
Griffregister	von Dürckheim, der Klassiker, zum schnellen Auffinden der Paragrafen und Richtlinien im Gesetzesdschungel, unerlässlich für zeitoptimiertes Arbeiten
Markierer	Holzmarkierer schützen die Umwelt und Markierungen drücken in Loseblattsammlung nicht so durch, gibt es auch in verschiedenen Farben

Fußgängerpunkte

Nicht unerwähnt sollen die Fußgängerpunkte bleiben. Hierbei soll es nicht um die Frage gehen, ob man auch als Fußgänger Punkte in der Flensburger Verkehrssünderdatei bekommen kann. Bei den „Fußgängerpunkten" handelt es sich um einen speziellen Begriff aus dem Bereich der Klausurentaktik. Damit sind die „einfachen" Punkte gemeint, für Selbstverständlichkeiten, die aber Bestandteil der Lösung sind. Man kann zu den Fußgängerpunkten auch Grundlagenpunkte sagen.

Beispiel: ... Ermitteln Sie das Einkommen der Z-GmbH mit Sitz in Berlin!

Beginnen Sie solche Aufgabenstellung immer mit der Prüfung der Steuerpflicht! Wenn Sie darauf kommen sollten, dass keine Steuerpflicht in Deutschland vorliegt, vergessen Sie es in 99 % der Fälle! Dann wäre die Aufgabe an dieser Stelle zu Ende.

Lösung: Die Z-GmbH ist in Deutschland gemäß § 1 Abs1 Nr. 1 KStG unbeschränkt steuerpflichtig, da Sie Ihren Sitz (bzw. ihre Geschäftsführung) in Deutschland hat.

In der Regel erhält der Teilnehmer für die Prüfung und Beantwortung der Steuerpflicht ½ bis 1 Grundlagenpunkt.

Wofür kann es noch Fußgängerpunkte geben?

Übersicht 3: Fußgängerpunkte

Ertragsteuerrecht
- sachliche persönliche Steuerpflicht
- Einkunftsart,
- Veranlagungsform (Einkommensteuer)

Bilanzsteuerrecht
- Ansatz im Handelsrecht
- Ansatz im Steuerrecht
- Bewertungsfragen

Umsatzsteuerrecht
- Unternehmereigenschaften
- Steuersatz
- Lieferung, Leistung

etc.

Verfahrensrecht
- Liegt ein Verwaltungsakt vor?
- Zulässigkeit, Statthaftigkeit von Einsprüchen
- Form des Einspruchs

etc.

Wichtig für das „Einsammeln" der Fußgängerpunkte ist es, sich eine Lösungsstruktur anzugewöhnen. Diese Struktur sollte systematisch dem Gesetz folgen. Auch wenn die Lösung eines Teilsachverhaltes eindeutig erscheint ... nicht einfach die Lösung hinschreiben, sondern die Tatbestandsvoraussetzungen prüfen!

An gegebener Stelle wird bei den speziellen Klausuren auf die Fußgängerpunkte hingewiesen.

Leitsatz 2

Fußgängerpunkte

Fußgängerpunkte sind **Grundlagenpunkte**. Um die Fußgängerpunkte zu erhalten, sollte der Gesetzessystematik gefolgt werden. Die **Voraussetzungen für die Lösung** sind immer darzustellen, auch bei offensichtlichen Vorgängen! Davon kann nur abgewichen werden, wenn in der Aufgabenstellung klar vorgegeben ist, dass bestimmte Voraussetzungen nicht zu prüfen sind.

II. Klausuren

Lektion 3: Klausur zum Verfahrensrecht

Die Verfahrensrechtklausur (AO-Klausur) ist Bestandteil der „gemischten Steuern"-Klausur (Steuerberaterprüfung), bzw. eine eigenständige Klausur (Finanzverwaltung).

Gerade den „Nichtjuristen" fällt die Problembehandlung der Sachverhalte sehr schwer. Das ist durch die erwartete rechtliche Würdigung der Sachverhalte begründet.

In der Klausur Verfahrensrecht haben sich folgende Prüfungsschwerpunkte herauskristallisiert:

- Korrekturmöglichkeiten von Verwaltungsakten
- FGO (Finanzgerichtsordnung), vorläufiger Rechtsschutz, Rechtsbehelfverfahren, Klage
- Steuerstrafrecht
- Bekanntgabe, Verjährung, Fristen, Wiedereinsetzung
- Haftung

Daneben sind natürlich auch andere Prüffelder möglich. Doch der Schwerpunkt der Vorbereitung kann auf diesen Themenbereich liegen.

Was ist bei der Bearbeitung einer Verfahrensrechtklausur besonders zu beachten?

Nehmen Sie sich viel Zeit um die Aufgabenstellung zu prüfen:

- Handelt es sich um eine allgemeine Frage, z.B. „Wie ist die Rechtslage?"
- Handelt es sich um Fallfragen? z.B. „Besteht für A die Korrekturmöglichkeit des Einkommensteuerbescheides XX nach § 173 (1) AO?"

Sollte es sich um eine allgemeine Frage handeln, dann unterteilen Sie diese für sich und für die Lösung in Teilfragen. Das könnte zum Beispiel (vereinfacht) so aussehen:

Beispiel: Der Steuerpflichtige S ist seit zwanzig Jahren Mitgesellschafter einer Möbelgroßhandlung OHG. Außerdem ist er Besitzer mehrerer Mietshäuser und hat einen umfangreichen Wertpapierbesitz. Am 10.03.07 erhält er eine Prüfungsanordnung für die OHG für die Jahre 01 – 04. Diese Prüfungsanordnung wurde am 20.02.07 zur Post gegeben. Herr S kommt zu Ihnen, um Ihren Rat einzuholen. Wie ist die Rechtslage? Kann S gegen die Prüfungsanordnung vorgehen?

Das ist eine typische Aufgabe, die in mehrere Teilaufgaben untergliedert werden sollte. Wenn in der Aufgabenstellung explizit nichts ausgeschlossen wird, kann der Aufbau der Lösung für den Beispielfall wie folgt aussehen:

1. Prüfung der Frage eines Verwaltungsaktes (Liegt ein VwA vor)

2. Zulässigkeit (ist S überhaupt empfangsbevollmächtigt als Gesellschafter)

3. Bekanntgabe des Verwaltungsaktes (Fristberechnung Tag der Bekanntgabe)

4. Umfang der Prüfungsanordnung (Ausschluss des privaten Vermögens von der Prüfung)

5. Welche Rechtsmittel sind möglich?

6. Liegt eventuell eine Festsetzungsverjährung vor, so dass eine Prüfung gar nicht mehr zulässig wäre (für bestimmte Jahre)

Leitsatz 3

Lösungsweg

Bei allgemein gehaltenen Fragestellungen, sollten Sie immer vorab die **Hauptfrage** in mehrere **Teilfragen** unterteilen und beim Lösen diese „Skizze" zu Hilfe nehmen. Überlegen Sie vorab Ihren Lösungsweg und wechseln Sie nicht!

Hinweis: *07 aus dem* **Beispielfall** *ist nicht 2007, sondern das 7. Jahr der Fallzeitrechnung. Eine Technik, die z.T. auch in Klausurfragestellungen genutzt wird. Es gilt immer die aktuelle Rechtslage.*

Zur Beantwortung von Fragestellungen im Verfahrensrecht sind zumeist zwei Lösungswege möglich:

- Die Wenn-Lösung und die Denn-Lösung.

Die Gutachtentechnik (Wenn-Lösung) stellt das Ergebnis ans Ende. Der Gutachtenstil beschreibt den Lösungsweg.

Beispiel: Der Steuerpflichtige A hat die Möglichkeit, den Einkommensteuerbescheid für XX nach § 173 Abs. 1 AO zu ändern, wenn ihm am Bekanntwerden der neuen Tatsachen kein Verschulden trifft. Eine neue Tatsache liegt vor, wenn ... Ein Verschulden ist anzunehmen, wenn ...

Der Gutachtenstil hat den Vorteil, dass Sie sich faktisch an der Gesetzessystematik zur Lösung hangeln können. Prüfen Sie sauber die Möglichkeiten und Alternativen, verbleibt am Ende nur ein Ergebnis, die richtige Lösung. Sie subsumieren die Lösung anhand des Gesetzestextes.

Wie erfolgt jetzt die Gutachtentechnik? Um ein sauberes Gutachten zu schreiben, müssen Sie bei jeder Teilprüfung auf dem Weg zur Gesamtlösung folgende vier Teilschritte beachten:

1. Schritt: „Bilden Sie einen Obersatz"
2. Schritt: „Benennen Sie die Gesetzesnorm"
3. Schritt: „Subsumieren Sie"
4. Schritt: „Stellen Sie ein Ergebnis dar"

Leitsatz 4

Subsumieren

Unter der Subsumtion versteht man die **Prüfung**, ob für den Sachverhalt (die Frage) die Rechtsnorm einschlägig ist.

Zur Anwendung der Gutachtentechnik nun den Fall 1:

Fall 1

Frau Schwan erhielt ihren Einkommensteuerbescheid. Beim erstmaligen Lesen bemerkte sie einen Fehler zu ihren Ungunsten in Höhe von 8.000 €. Darüber ärgert sie sich sehr. Ist die Einlegung eines Einspruches statthaft?

1. Schritt: Gegen Verwaltungsakte ist der Einspruch statthaft.

2. Schritt: Ein Verwaltungsakt ist jede Entscheidung die eine Behörde zur Regelung eines Einzelfalles auf dem Gebiet des öffentlichen Rechts trifft, mit unmittelbarer Rechtswirkung nach außen (§ 118 AO).

3. Schritt: Der gegen Frau Schwan erlassene Einkommensteuerbescheid ist ein Verwaltungsakt im Sinne von § 118 AO.

4. Schritt: Es ist statthaft gegen den Einkommensteuerbescheid Einspruch einzulegen, da es sich gemäß § 118 AO i.V.m. § 357 AO um einen Verwaltungsakt handelt.

Leitsatz 5

Gutachtentechnik

Die Prüfung der Lösung in der Gutachtentechnik erfolgt in **vier Schritten.** Ausgehend von der Darstellung (1) des **Sachverhaltes** (Obersatz) und der dann folgen den **Gesetzesnorm** (2) erfolgt der Vergleich, ob Gesetzesnorm und Sachverhalt **übereinstimmen** können (3). Aus diesem Vergleich wird ein **Ergebnis abgeleitet** (4). Für ein sauberes Gutachten sind alle einschlägigen Rechtsnormen mit allen Tatbestandsvoraussetzungen zu prüfen.

Die Kunst bei der Gutachtentechnik ist jedoch die Unterscheidung von einschlägigen und nicht einschlägigen Rechtsnormen. Wer alle und alles prüft, prüft sich schnell tot. Es ist nur das zu prüfen, was irgendwie sinnvoll in Frage kommt. Auch Selbstverständlichkeiten brauchen daher nicht geprüft zu werden. Sie werden ggf. nur kurz dargestellt, bzw negativ abgegrenzt.

Die Urteilstechnik hingegen, also die „Denn"-Lösung, stellt die Lösung an den Anfang der Ausführungen und begründet sie nachfolgend:

Beispiel: Der Steuerpflichtige A kann den Bescheid nach § 173 Abs. 1 AO nicht ändern, denn ihm trifft am Bekanntwerden der neuen Tatsachen grobes Verschulden.

Allerdings sollte man in der tatsächlichen Darstellung aus stilistischen Gründen auf viele „denns“ verzichten. Gedankliche „denns“ reichen.

Der Nachteil an der Urteilstechnik liegt auf der Hand. Sie müssen sich am Anfang auf eine Lösung festlegen und, um den Lösungssatz herum, Ihren Lösungsweg finden. Die Gefahr besteht, Teilaspekte, die zu einer anderen (und vielleicht der richtigen) Lösung führen könnten, bewusst auszublenden.

In der Regel wird deshalb auch der Gutachtenstil als Lösungsweg erwartet.

- Verwenden Sie also immer den Gutachtenstil, wenn nicht explizit der Urteilsstil verlangt wird.

Und ein Tipp zudem:

- Kommentieren Sie **nicht** Ihren Klausuraufbau; dieser ergibt sich aus der Gliederung.

Lektion 4: Schwerpunkte und Beispielaufgaben Verfahrensrecht

Nachfolgend werden die Prüfungsschwerpunkte einer Verfahrensrechtsklausur dargestellt. Lassen Sie sich hier nicht durch die interessanten Eselsbrücken verwirren, ggf. finden Sie unter Lernmethoden in Lektion 15 eine Erläuterung zur Einsatzweise.

Prüfungsschwerpunkt: Korrekturmöglichkeiten von Verwaltungsakten

Diese Aufgaben erkennen Sie an folgenden Fragestellungen:

- Erfolgte eine Berichtigung des Steuerbescheides zu Recht?
- Kann der Steuerpflichtige zu seinen Gunsten den Bescheid ändern?
- Begründen Sie die Erfolgsaussichten eines Einspruches.
- Bestehen Änderungsmöglichkeiten für diesen Verwaltungsakt?

Fall 2

Am 10.01.04 erfährt der Steuerpflichtige K bei einem Telefongespräch mit dem Finanzamt, dass der Einkommensteuerbescheid 01 erlassen wurde und dass die negativen Einkünfte aus Vermietung und Verpachtung nicht anerkannt wurden. Am selben Tag legt er per Fax gegen diesen (noch nicht vorliegenden) Bescheid Einspruch ein. Tatsächlich erhält er den Bescheid mit Datum vom 13.01.07. Er wird gemäß § 164 Abs. 1 AO erlassen. Nachdem er keine Reaktion auf seinen Einspruch erhält, fragt er am 25.02.07 nach dem Bearbeitungsstand. Wie ist die Rechtslage?

Wenn Sie jetzt sofort zu den Voraussetzungen des Rechtsbehelfverfahrens springen, bleiben viele (Fußgänger-)Punkte auf dem Weg zur Lösung liegen.

Sie müssen also anfangen die Basics zu prüfen:

- Liegt ein Verwaltungsakt vor?
- Ist dieser wirksam bekanntgegeben?
- Ist dieser Verwaltungsakt nichtig?

etc.

Tatsächlich liegt der Knackpunkt der Aufgabenstellung in der Bekanntgabe. K hat gegen einen Verwaltungsakt Einspruch eingelegt, der (zum Zeitpunkt des Einspruches) noch gar nicht bekanntgegeben war.

Daher ist dieser Einspruch gemäß § 347 AO nicht statthaft. Der Verwaltungsakt, gegen den Einspruch eingelegt wurde, war noch gar nicht existent.

Der Hinweis auf § 164 AO weist den rettenden Ausweg für K und muss im Rahmen der Lösung ebenfalls dargestellt werden.

Es empfiehlt sich für die Lösung von solchen Aufgabenstellungen nachfolgendes Prüfschema zu verinnerlichen:

Prüfschema 1: Verwaltungsakt

I. Handelt es sich um einen Verwaltungsakt gemäß § 118 AO?

JA	NEIN
▼	

II. Ist der Verwaltungsakt wirksam bekanntgegeben?

JA	NEIN
▼	▼
Verwaltungsakt ist wirksam	Verwaltungsakt ist nicht wirksam neue Bekanntgabe erforderlich

III. Leidet der Verwaltungsakt unter einen schwerwiegenden Fehler? (nichtig)

▼ JA ▼	▼ NEIN ▼
Verwaltungsakt ist unwirksam	fehlerhaft begründet keine Nichtigkeit

IV. Liegt ein Form-/Verfahrensfehler vor?

▼ JA ▼	▼ NEIN ▼
Heilung möglich nach § 126 AO?	sachlicher Fehler oder Rechtsfehler?

V. Rechtsbehelfverfahren durchführbar? (§347 ff. Statthaftigkeit und Begründetheit!

▼ JA	▼ NEIN
Abhilfe im RBV? 132 AO i.V.m. 172 AO	keine Korrektur

VI. Verjährung eingetreten?

▼ JA	▼ NEIN
keine Korrektur	Prüfung weiterer Vorschriften

Vorschriften der letzten Rettung

VII. Liegt eine offenbare Unrichtigkeit vor? (129AO)

▼ ▼

→

JA | NEIN
▼ | ▼
Änderung nach § 129 AO | weitere Prüfung

VIII. Handelt es sich um einen sonstigen/gleichgestellten Verwaltungsakt?

▼

JA | NEIN
 | ▼
weitere Prüfung | keine Korrektur

IX. Prüfung ob rechtswidrig(Rücknahme § 130 AO) oder rechtmäßig (Widerruf § 131 AO)

▼ | ▼
JA | NEIN

Erst danach erfolgt die Prüfung der Korrekturvorschriften gemäß § 164/165 AO!

ESELSBRÜCKE *für Steuerbescheide und gleichgestellte Verwaltungsakte*

Verzweifeltes Wirken führt etwas fort von der Lösung. Ungerecht!

Die Lösung für die Eselsbrücke nachfolgend:

V	Verwaltungsakt? (V von Verzweifelt)
W	Wirken? (W von Wirken)
F	Fehler (F von Führt)
E	Einspruch möglich (E von Etwas)
F	Form okay? (F von Fort)
V	Verjährung (nichts geht mehr?; V von Von)?
U	Unrichtigkeit vorliegend? (U von Ungerecht)

Wie können Sie nun im Eifer des Gefechtes noch zu der Eselsbrücke gelangen? Wenn Sie versuchen sich die Eselsbrücke einzuprägen, stellen

Sie sich vor, wie Sie im Strom der Gesetze anschwimmen, aber immer weiter abgetrieben werden ...

Prüfungsschwerpunkt: Rechtsschutz, Rechtsbehelf

Dieser Komplex ist sehr dankbar für den Prüfling. Gerade das Rechtsbehelfverfahren zeichnet sich durch ein standardisiertes Prüfschema aus. Wenn Sie das Prüfschema und die entsprechenden Obersätze (Definitionen) im Schlaf beherrschen, dürften die herumliegenden Fußgängerpunkte kein Problem für Sie sein.

Typische Fragestellungen sind hier:

- Begründen Sie die Erfolgsaussichten des Einspruchs.
- Muss der Steuerpflichtige zum Termin bezahlen?
- Was könnte er unternehmen?
- Durfte das Finanzamt den Steuerbescheid erlassen?

Liegt Ihnen ein solcher Sachverhalt vor, bietet sich nachfolgendes Prüfschema an:

Prüfschema 2: Rechtsbehelfverfahren

I. Ist ein Einspruch statthaft?

positive Begründung § 347 AO → **NEIN**: Einspruch ist nicht statthaft, wird zurückgewiesen

Negativabgrenzung § 348 AO

↓

JA

II. Ist ein Einspruch zulässig? → **NEIN**

→

Fristen wurden eingehalten? §355 AO
Einspruch erfolgte schriftlich? (**Form** § 357 AO)
Ist der Steuerpflichtige beschwert?
(wird er durch den Bescheid belastet?) § 350 AO

Einspruch ist
unzulässig
wird zurückgewiesen

↓

JA

→

NEIN

III. Ist ein Einspruch begründet?

Hat der Einspruchsführer Recht?
Der gesamt Fall ist offen und kann geprüft werden (§ 367 Abs. 2 AO)

Einspruchsentscheidung durch FA

↙ ↘

Verböserung möglich? (Sachverhalte werden neu bzw. erstmals bewertet)

↓

komplette Rücknahme des Einspruches möglich

Abhilfebescheid oder Teilabhilfe (132 AO i.V.m. § 172 ff. AO)

Bei der Prüfung im Rechtsbehelfverfahren sollten folgende Punkte nicht vergessen werden, gerade wenn der Einspruch im Vorfeld als nicht statthaft/zulässig bewertet wird:

- Ist der Bescheid **wirksam** zugegangen/bekanntgegeben worden?
- Liegt eine **Rechtsbehelfbelehrung** vor? Wenn nicht verlängert sich die Einspruchsfrist auf ein Jahr (§ 357 AO).
- Ist die **Fristversäumnis** entschuldbar? Ist dadurch Wiedereinsetzung in den vorigen Stand möglich? (§ 110 AO).

- Sollte statt eines Einspruches ein Antrag auf schlichte Änderung (§ 172 AO) gestellt werden? Das ist zum Beispiel bei der Gefahr einer Verböserung (Schlechterstellung) durch Einspruchsentscheidung zu prüfen.

ESELSBRÜCKE *Rechtsbehelfverfahren*

Folgende Eselsbrücke könnte zum Schwerpunkt Rechtsbehelfverfahren verwendet werden.

Steuerberater ziehen Berufsanfänger durch eine solide Ausbildung.

S	tatthaftigkeit
Z	ulässigkeit
B	egründetheit
D	urchweg positiv? (Verböserung)
E	rklärung (Rechtsbehelfbelehrung)
S	chuldigung (entschuldbar)?
A	enderung möglich?

Prüfungsschwerpunkt: Das Klageverfahren

Auch beim Klageverfahren, als gerichtliche Fortsetzung des außergerichtlichen Rechtsbehelfverfahrens, sollten Sie einen schematischen Lösungsaufbau anwenden.

In Richtung Klage geht die Lösung zum Beispiel bei folgenden Fragestellungen:

Kann A gegen die Einspruchsentscheidung vorgehen?

Was für weitere Rechtsmittel bestehen?

Wie sehen Sie die Erfolgsaussichten einer Klage? Begründen Sie!

Prüfschema 3: Klageverfahren

1. Handelt es sich um eine **Abgabenangelegenheit**? (§ 33 FGO)
2. Um was für eine **Klageart** handelt es sich?
3. Besteht eine **Rechtsverletzung**?
4. Wurde ein **Vorverfahren** (Einspruch) durchgeführt?
5. Ist die **Form** der Klageerhebung gewahrt? (Schriftlich § 64 FGO)
6. Wurde die **Klagefrist** eingehalten? (§ 47 FGO ev. § 45 FGO)

Auch beim Klageverfahren bieten sich Eselsbrücken an. Ein Vorschlag:

„Ganz anders“ rief ein Sträfling munter.

G	erichtsweg möglich?
A	rt der Klage?
R	echtsverletzung ist begründet?
E	rstverfahren (Vor-) durchgeführt?
S	chriftliche Klageerhebung?
M	onat beträgt die Klagefrist!

Prüfungsschwerpunkt: Die Haftung

Haftungsprobleme können ebenfalls sehr schön als Klausuraufgabe verpackt werden. Dabei sollte auf folgende Fragen geachtet werden, um in die richtige Richtung abzubiegen:

Kann Z als Geschäftsführer belangt werden, wenn die Insolvenz mangels Masse abgelehnt wurde?

Gilt A als Gehilfe?

Ist das Finanzamt berechtigt, diesen Haftungsbescheid zu erlassen?

Der Haftungsbescheid (näher erläutert in § 191 ff. AO) ist ein sonstiger Verwaltungsakt und die Korrektur richtet sich somit nach den Paragrafen 129 bzw. 130 - 131 AO.

Prüfschema 4: Haftung

1. Gehört der Beschwerte zum **Personenkreis** der Haftenden? (§34 - 35 AO, § 69 AO)
2. **Verletzte** der Beschwerte seine **Pflichten**? (§ 34 Abs. 1 AO)
3. Entstand ein **Haftungsschaden** und wodurch?
4. Entstand der Schaden durch die **Pflichtverletzung**?
5. Erfolgte die Pflichtverletzung **grob fahrlässig** oder **vorsätzlich**?
6. Im welchen **Umfang** haftet der Beschwerte? (§ 37 AO)

ESELSBRÜCKE *Haftung*

Denken Sie an den **Prokuristen.** Wie leicht kann dieser in die Haftung geraten.

Per prok ☹ ura

Per	sonenkreis
P	flichtverletzung
R	einlegen (Schaden verursachen)
o	
K	ausalität (Zusammenhang zwischen Schaden und Pflichtverletzung)
☹	Schuld an allen?
U	mfang der Haftung
Ra	n an die Lösung

Das A und O bei der AO (Abgabenordnung) ist eine strukturierte Lösung. Subsumieren Sie den Sachverhalt. Prüfen Sie alle **Tatbestandsvoraussetzungen**. Dann dürfte es Ihnen gelingen, die notwendigen Punkte zum Bestehen zu erhalten.

Lektion 5: Die Umsatzsteuerklausur

Die Umsatzsteuerklausur besteht in der Regel aus mehreren kleinen Sachverhalten, die auch in einem Fall verpackt sein können. Die einzelnen Sachverhalte (Geschäftsvorfälle) sind anhand des Gesetzestextes umsatzsteuerrechtlich zu prüfen und die Auswirkungen zu ermitteln.

Als Schwerpunkte treten immer wieder auf:

- Ausstellung von Rechnungen
- Vorsteuerberichtigung
- Innergemeinschaftliche Lieferungen oder Erwerbe
- Änderung der Bemessungsgrundlage
- Steuerschuldnerschaft des Leistungsempfängers

Die Lösung bei der Umsatzsteuerklausur erfolgt in der Regel als gutachterliche Stellungnahme. Dabei werden die Sachverhalte anhand des Gesetzestextes und der Aufgabentiefe bearbeitet.

1. Lesen

   - Erfassen Sie schnellstmöglich und vollständig den Sachverhalt/ die Prüfungsaufgabe.
   - Lesen Sie die genaue Aufgabenstellung. Bis wohin reicht die Aufgabe? (Steuersatz, Voranmeldungen, Steuerbetrag)
   - Hat der Steuerpflichtige Wahlmöglichkeiten? Benennen und verwenden Sie diese gegebenenfalls.
   - Begründungen, die nicht verlangt und benotet werden, müssen auch nicht in aller Ausführlichkeit dargelegt werden (z.B. Unternehmereigenschaft, Umfang des Unternehmens).
   - Schreiben Sie sich die ersten Lösungshinweise an den Rand, bzw. auf ein separates Papier. Zum Beispiel, wenn sich die Verwendung

eines angeschafften Wirtschaftsgutes später ändert (typische § 15a UStG-Falle).

2. Lösen

 - Werden allgemeine Angaben nicht ausgeschlossen, sind diese zumindest am Anfang der Aufgabe (nicht bei jedem Sachverhalt) darzustellen (I Unternehmer, II Rahmen des Unternehmens, III Vorsteuerabzugsberechtigung, IV Steuerschuld, V Steuerentstehung VI Besteuerungsart, VII Steueranmeldung).

 - Rechtsgrundlage bildet das Umsatzsteuergesetz.

 - Weiterführend sind die Durchführungsverordnungen zu prüfen.

 - Zum Schluss erfolgt die „Erlösung" durch den „knappen" Verweis auf die Richtlinie, keine ausführliche Zitatenwiederholung!

3. Zeit wird knapp

 - Schreiben Sie nur noch in Stichwörtern.

 - Versuchen Sie so viele Aufgaben wie möglich zumindest anzureißen, um die ersten Fußgängerpunkte mitzunehmen. Vergessen Sie dabei allerdings nie die genaue Gesetzeszitierung, sonst ist alle Mühe umsonst!

 - Verschwenden Sie Papier! Eine Eigenart von vielen Prüfungsteilnehmern ist es, bei Zeitknappheit zu versuchen, alles auf eine Seite noch unterzubekommen, oder „zwischen den Zeilen" zu schreiben. Nehmen Sie sich immer wieder ein neues Blatt Papier. Schreiben Sie oben klar und deutlich die Aufgabennummer. Reißen Sie den Sachverhalt an. Wenn Sie der Meinung sind, die gewünschten Punkte pro Zeiteinheit gesammelt zu haben, ab zur nächsten Aufgabe. Sie wollen bestehen, und nicht ausgezeichnet werden.

Für die Prüfung des Sachverhaltes bietet sich nachfolgendes Schema an:

Prüfschema 5: Umsatzsteuer

Prüfschema der Umsatzsteuer

I. Art des Umsatzes

Lieferungen	sonstige Leistungen
§ 3 Abs. 1 UStG Generalnorm	§ 3 Abs. 9 UStG Generalnorm
§ 3 Abs. 3 UStG Kommissionsgeschäft	§ 3 Abs. 4 UStG Werkleistung (Umkehrschluss)
§ 3 Abs. 4 UStG Werklieferung	§ 3 Abs. 10 UStG Überlassung Hauptstoff (Veredelung)
§ 3 Abs. 5 UStG Gehaltslieferung	§ 3 Abs. 11 UStG Dienstleistungskommission
§ 3 Abs. 6 Satz 5 UStG Reihengeschäft	§ 3 Abs. 12 Satz 2 UStG tauschähnlicher Umsatz
§ 3 Abs. 12 Satz 1 USTG Tausch	

Ia. zusätzliche Prüfungen

Leistungsaustausch vorhanden?
unentgeltliche Wertabgabe?
Einfuhr? § 1 Abs. 1 Nr. 2 UStG
innergemeinschaftlicher Erwerb? § 1 Abs. 1 Nr. 5 UStG

II. Ort des Umsatzes

Lieferungen Generalnorm § 3 Abs. 1 i.V.m. § 3 Abs. 6 – 8 UStG
- **Besondere Fälle** § 3c Abs. 1 ff. UStG (Lieferschwelle)
- **Lieferung bei Beförderung** § 3e UStG
- **unentgeltliche** § 3f UStG
- **Gas-/Stromlieferung** § 3g UStG

Leistungen Generalnorm § 3a UStG
Beförderungsleistung § 3b UStG
Leistungen bei Beförderung § 3e UStG
unentgeltliche § 3f UStG

III. Steuerbarkeit

Generalnorm § 1 Abs. 1 Nr. 1 UStG
Einfuhr § 1 Abs. 1 Nr. 4 UStG
i.g. Erwerb § 1 Abs. 1 Nr. 5 UStG
Falle Geschäftsveräußerung im Ganzen § 1 Abs. 1a UStG

IV. Steuerpflicht/Steuerfreiheit

Generalnorm §4 UStG
i.g. Erwerb § 4b UStG
Einfuhr § 5 UStG

IVa. zusätzliche Prüfungen

Ausschluss des Vorsteuerabzuges § 15 Abs. 2 – 3 UStG
Optionsmöglichkeiten § 9 UStG
Falle § 27 Abs. 2 UStG Altfälle
Ausfuhrlieferung §§ 21 USTDV Belegnachweis
i.g. Lieferungen §§ 17a – 17c USTDV

V. Steuersatz

Liegt § 12 Abs. 2 UStG vor mit Anlage ermäßigter Steuersatz 7 %
Ansonsten 19 % § 12 Abs. 1 UStG

VI. Bemessungsgrundlage § 10 UStG

Normalfälle § 10 Abs. 1 UStG

a) tatsächliches Entgelt des Leistungsempfängers (genaue Angabe)
b) Entgeltsminderungen/-erhöhungen beachten
c) abgekürzter Zahlungsweg? Bezahlung von dritter Seite?
d) auch Mindestbemessungsgrundlage prüfen § 10 Abs. 5 UStG

Tauschfälle § 10 Abs. 2 UStG
e) Bemessungsgrundlage beim Tausch (gemeiner Wert)
f) Tausch mit Baraufgabe (Differenzenrechnung)

unentgeltliche Wertabgaben § 10 Abs. 4 UStG
g) Selbstkosten/Einkaufskosten anteilige Kosten vorsteuerbehaftet

Einfuhr § 11 UStG

Zollwert

VIa. zusätzliche Prüfungen

Reiseleistungen § 25 UStG
Differenzbesteuerung § 25a UStG
Durchschnittsbeförderungsentgelt § 10 Abs. 6 UStG

VII. Steuerentstehung § 16 UStG

Besteuerungsart (Soll-/Ist-Anzahlungsversteuerung)
Teilleistungen
Voranmeldungszeitraum § 18 UStG
Zusammenfassende Meldung § 18a UStG

VIII. Vorsteuerabzug

a) Ausgangsleistung steuerpflichtig?
b) Eingangsleistung für das eigene Unternehmen?
c) steuerbarer (Eingangs-)Umsatz?
d) formale Rechnungsanforderungen erfüllt? § 14 UStG
e) Ausschlussumsätze vorliegend? § 15 Abs. 1a UStG 15 Abs. 2 UStG
f) Vorsteuerabzug aufzuteilen?

VIIIa. zusätzliche Prüfungen

Einfuhrumsatzsteuer?
Umsatzsteuer i.g. Erwerb?
Umsatzsteuer nach § 13b UStG?
Vorsteuerkorrektur § 15a UStG?

Lektion 6: Schwerpunkte Umsatzsteuer

Prüfungsschwerpunkt: Vorsteuerberichtigung

Für den Bereich der Vorsteuerberichtigung ist der § 15a UStG in Verbindung mit §44 – 45 UStDV bindend.

Die Änderung der Verwendung einer Immobilie ist der klassische Fall.

Fall 3

Der Unternehmer Udolf vermietet sein bisher selbst genutztes Bürogebäude zum 01.07.03 an einen ansässigen Arzt. Das Gebäude hat er zum 01.01.01 direkt von einem Bauträger für 1.000.000 € zuzüglich 190.000 € Umsatzsteuer erworben. Zum 25.06.03 füllte er noch einmal den Öltank auf. Dafür bezahlte er am 26.06.03 3.000 € zuzüglich 570 € Umsatzsteuer.

Würdigen Sie den Sachverhalt umsatzsteuerlich.

Es bietet sich folgender Lösungsaufbau an:

- Allgemeine Erläuterungen zum Rahmen des Unternehmens und zur unternehmerischen Verwendung der Immobilie bis zum 30.06.03 und ab dem 01.07.03.
- Erläuterung des Umsatzes.
- Allgemeine Erläuterungen zum Vorsteuerabzug gemäß § 15 UStG und Verweis auf die Nichtabziehbarkeit der Vorsteuer ab dem 01.07.03.
- Berechnung des Berichtigungszeitraumes für die Immobilie gemäß § 15a UStG mit Höhe der zu korrigierenden Vorsteuerbeträge pro Monat/Jahr.
- Verweis auf die Durchführungsverordnung (monatliche Korrektur im Rahmen der Umsatzsteuervoranmeldungen).
- Erläuterungen der Vorsteuerkorrektur für die Öllieferung gemäß § 15a (2) UStG.

- Hinweis auf § 44 UStDV, dass keine Vorsteuerkorrektur erfolgt (1.000 €-Grenze).

Prüfungsschwerpunkt: Innergemeinschaftliche Lieferungen und Erwerbe

1. Hauptaugenmerk bei innergemeinschaftlichen Lieferungen ist darauf zu richten, ob die Nachweise gemäß § 6a UStG erbracht sind.

2. Für die Bestimmung des Ortes der Lieferung ist die Angabe der Umsatzsteuer-Identifikationsnummer von Bedeutung. Sie sollten also immer genau den § 3d UStG prüfen. Hier erfolgt die Prüfung im Umkehrschluss. Der Ort des innergemeinschaftlichen Erwerbs ist der Ort der Lieferung!

Fall 4

Unternehmer Tim aus Belgien liefert an Unternehmer Struppi aus Deutschland Waren in Wert von 200.000 €. Die Nachweise gemäß § 6a UStG gelten als erbracht. Bestimmen Sie die Art des Umsatzes, den Ort sowie die Bemessungsgrundlage.

Es biete sich folgender Lösungsweg an:

- Es handelt sich um eine durch Unternehmer Tim erbrachte innergemeinschaftliche Lieferung. Für Unternehmer Struppi ist es ein innergemeinschaftlicher Erwerb der gemäß § 1 Abs. 5 i.V.m. § 1a Abs. 1 UStG der deutschen Umsatzsteuer unterliegt.

- Der Ort der Lieferung des innergemeinschaftlichen Erwerbs (aus Sicht des deutschen Unternehmers Struppi) richtet sich nach § 3d Satz 1 UStG und liegt in Deutschland, da sich die Waren an Ende der Beförderung in Deutschland befinden und der Unternehmer Struppi auch keine Identifikationsnummer eines anderen Mitgliedstaates verwendet hat.

- Bemessungsgrundlage ist das Entgelt (§ 10 Abs. 1 Satz 1 UStG). Der Steuersatz beträgt gemäß § 12 Abs. 1 UStG 19%. Unternehmer Struppi schuldet somit 38.000 € Umsatzsteuer. Gemäß § 15 Abs. 1

Nr. 3 UStG kann er diese als Vorsteuer für den innergemeinschaftlichen Erwerb von Waren für sein Unternehmen geltend machen.

Diffizil können Sachverhalte werden, in denen auf der Abnehmerseite Kleinunternehmer eine Rolle spielen, oder in denen der Hinweis erfolgt: „... handelt es sich um die bisher einzige Lieferung aus einem EU Staat." Hierzu Fall 5.

Fall 5

Der deutsche Unternehmer Discount erwirbt für sein Unternehmen 500 kg Fliesen zum Preis von 4.000 € netto von dem polnischen Unternehmer Fliska. Für Unternehmer Discount handelt es sich um die bisher einzige Lieferung aus einem EG Land in seinem Unternehmerleben. Er holt die Fliesen persönlich in Polen ab.

Alternative 1: Herr Discount ist Kleinunternehmer.

Alternative 2: Er ist kein Kleinunternehmer, zum vollen Vorsteuerabzug berechtigt und verwendet seine deutsche Identifikationsnummer.

Der Lösungsweg der Alternative 1:

Es handelt sich für Unternehmer Discount um einen Erwerb. Die Voraussetzungen des innergemeinschaftlichen Erwerbs liegen jedoch nicht vor, da er

- Kleinunternehmer ist und
- die Erwerbsschwelle von 12.500 € im Vorjahr nicht überschritten hat und im laufenden Jahr voraussichtlich nicht überschreiten wird (§ 1a Abs. 3 Nr. 2 UStG).
  Die Lieferung ist durch den Unternehmer Fliska in Polen zu versteuern. Unternehmer Discount hat die Möglichkeit auf die Anwendung der Erwerbsschwelle zu verzichten. (§ 1a Abs. 4 UStG). Dazu muss er dem polnischen Unternehmer die ihm erteilte deutsche Identifikationsnummer vorlegen. In dem Fall würde es sich um einen innergemeinschaftlichen Erwerb handeln. Die Verzichtserklärung bindet den Unternehmer für zwei Jahre.

Die Lösung der Alternative 2:

Es handelt sich um einen innergemeinschaftlichen Erwerb.

- Der Gegenstand der Lieferung gelangt von einem EU-Land (Polen) ins Inland (Deutschland) ; § 1a Abs. 1 Nr. 1 UStG
- der Gegenstand wurde für das Unternehmen erworben (§ 1a Abs. 1 Nr. 2a UStG)
- die Voraussetzungen des § 1a Abs. 3 Nr. 1b UStG erfüllt sind
- der deutsche Unternehmer keine vom Vorsteuerabzug ausgeschlossenen steuerfreien Umsätze tätigt (§ 1a Abs. 3 Nr. 1a UStG) und
- er kein Kleinunternehmer ist (§ 1a Abs. 3 Nr. 1b UStG)

Zum Schluss: Herangehensweise

Damit Sie in der Hitze des Gefechtes nichts vergessen, sollten Sie immer stur bis zum Ende dem Gesetz folgen. Das Umsatzsteuerrecht ist da sehr dankbar.
Auch für die Lösung der umsatzsteuerlichen Sachverhalte empfiehlt sich eine Eselsbrücke. Hier ein Vorschlag:

Auffällig offenbaren sich persönliche Sichtweisen beim Essen von Sushi.

A rt des Umsatzes?

O rt des Umsatzes?

S teuerbar oder nicht steuerbar?

P flichtiger Umsatz oder steuerfrei?

S teuersatz?

B emessungsgrundlage für den Umsatz?

E ntstehung der Steuer?

V orsteuerabzug möglich?

S onstige Prüfungen

Wie lässt sich diese Eselsbrücke merken? Wichtig für das Einprägen von Sachverhalten sind auch abstruse Bilder. Stellen Sie sich vor, Sie stehen an einem Imbisswagen und essen Sushi eingerollt statt in Reispapier in Zeitungspapier. Stellt sich da nicht automatisch die Frage 7 % oder 19 %? Ist das jetzt eine Lieferung oder sonstige Leistung? Gilt für die Zeitung der ermäßigte Steuersatz oder verliert sie ihre Eigenständigkeit?

Je plastischer Sie sich die Eselsbrücke vorstellen, desto besser ist es für den späteren Abruf! Hier Fall 6 mit der Eselsbrückenlösung.

Fall 6

Robert Rettich, Besitzer einer Baumschule mit Sitz in Berlin-Treptow, verkaufte im März 01 Bäume im Wert 100.000 € zuzüglich Umsatzsteuer und bot als Dienstleistung an, diese auch vor Ort einzupflanzen. Für diese extra ausgewiesene und abgerechnete Serviceleistung vereinnahmte er zusätzlich 20.000 €. Aufgrund der Höhe seiner Umsätze unterliegt er der Sollbesteuerung gemäß § 16 UStG. Umsatzsteuerliche Würdigung?

Auffällig

Es handelt sich beim Sachverhalt a) um eine Lieferung gemäß § 3 Abs. 1 UStG. Das Verpflanzen der Bäume ist eine sonstige Leistung gemäß § 3 Abs. 9 UStG.

offenbaren

Der Ort der Lieferung richtet sich nach § 3 Absatz 6 UStG und ist Berlin, dort wo die Versendung beginnt. Die sonstigen Leistungen gelten ebenfalls in Berlin gemäß § 3a Abs. 1 UStG als ausgeführt, nämlich von dort wo der Unternehmer sein Unternehmen betreibt,

sich

es handelt sich gemäß § 1 Abs. 1 UStG jeweils um steuerbare Lieferungen bzw. Leistungen, da ein Unternehmer im Rahmen seines Unternehmens in Deutschland gegen Entgelt tätig geworden ist.

persönliche

Mangels Steuerbefreiung gemäß § 4 UStG handelt es sich um steuerpflichtige Sachverhalte.

Sichtweisen

Der Steuersatz für die Lieferung von angezogenen Bäumen ist gemäß § 12 Abs. 2 Nr. 3 UStG 7 %. Das Verpflanzen der Bäume ist als selbständige Leistung zu betrachten und teilt somit nicht das Schicksal der Baumlieferung als Hauptleistung. Der Steuersatz beträgt gemäß § 12 Abs. 1 UStG 19 %.

beim

Die Bemessungsgrundlage gemäß § 10 Abs. 1 UStG das vereinbarte Entgelt und beträgt (Sachverhalt 1) 100.000 € und (Sachverhalt 2) 20.000 €.

Essen

Die Steuer entsteht nach Ablauf des Voranmeldungszeitraumes in dem die Lieferungen/Leistungen ausgeführt wurden (§13 UStG). Die Steuer in Höhe von 7.000 € (Sachverhalt 1) und 3.900 € (Sachverhalt 2) entsteht mit Ablauf des Voranmeldungszeitraumes März 01 und ist, soweit keine Dauerfristverlängerung existiert, bis zum 10 des Folgemonats (10.04.01) anzumelden und abzuführen.

von

Er führt keinerlei steuerfreie Umsätze aus. Gemäß § 15 Abs. 1 Nr. 1 UStG kann Herr Rettich die bezahlte Umsatzsteuer als Vorsteuer abziehen.

Sushi

Sonstige Prüfungen gibt der Sachverhalt nicht her.

Lektion 7: Die Erbschaftsteuer-Bewertungsrechtklausur

In der Regel empfinden die Prüflinge diesen Themenkomplex als relativ einfach. Zumeist wird ein Erbfall geprüft. In diesem Zusammenhang sind auch bewertungsrechtliche Feststellungen zum Nachlass zu treffen.

Standard ist natürlich der Erwerb von Todes wegen. Als Prüfungsschwerpunkte lassen sich benennen:

- Bewertung von Betriebsvermögen
- Wertermittlung Grundvermögen
- Nachlassverbindlichkeiten und
- die endgültige Steuerberechnung (mit Freibeträgen etc.)

Bearbeitung

a) Aufgabenstellung erfassen

Nachdem Sie den Sachverhalt vollständig erfasst haben, bietet es sich gerade bei dieser Klausur an, eine kleine Skizze anzufertigen. In dieser können Sie die Beziehungen der Personen untereinander darstellen und die zum Nachlass gehörenden Gegenstände. Das hat den Vorteil, dass Sie mit der Zeichnung bereits Schlussfolgerungen treffen und innerlich beginnen, den Fall zu lösen.

b) Aufgabe bearbeiten

Auch das Erbschaftsteuergesetz ist sehr systematisch aufgebaut. Zu jeder Lösung sollten Sie mit den allgemeinen Punkten beginnen, bevor Sie detailliert in die Aufgabenstellung einsteigen.

Die Allgemeinen Punkte sind die Aussagen zur Steuerpflicht, Art der Vermögensübertragung, Steuerentstehung und Steuerschuldner.

Es bietet sich folgendes Klausurschema an:

Prüfschema 6: Erbschaftsteuer

I. Fußgängerpunkte einsammeln

Steuerpflicht (sachliche persönliche)
Steuerentstehung
Steuerschuldner
Bewertungszeitpunkt

II. Bewertungen der Positionen

gesonderte Feststellungen
Immobilien (Grundbesitzwert)
Betriebsvermögen
Anteilen an Kapitalgesellschaften
Gemeinschaftsvermögen
gemeine Werte ermitteln

III. Kürzung des Vermögensanfalls

Bewertung und Abzug von Nachlassverbindlichkeiten

IV. Berechnung der Steuer/des Vermögensanfalls

Freibeträge berücksichtigen!

sachliche Befreiungen

- § 13 ErbStG Hausrat und ähnliches
- § 13a Betriebsvermögen etc.
- § 13c Wohnimmobilien

persönliche Befreiungen

- § 16 ErbStG Angehörige
- § 17 Partnerfreibetrag (Versorgungsfreibetrag)

Grundsätzliche Hinweise

Schreiben Sie **kurz** und **knapp**, keine romanhaften Ausführungen. Der bestimmende Faktor für eine erfolgreiche Prüfung ist die Zeit.

Denken Sie daran, dass die Lösung **rein juristisch** erfolgen muss. Das bedeutet: keine wirtschaftliche Betrachtungsweise. Dazu **Fall 7**.

Fall 7

Herr Sorglos starb am 10.01.02. Am 10.12.01 kaufte er ein mit einem Mehrfamilienhaus bebautes Grundstück. Laut notariellen Kaufvertrag wurde der Nutzen/Lasten Wechsel zum 01.01.02 festgelegt. Die Umschreibung im Grundbuch erfolgte erst zum 31.01.02.

> Ein Nutzen-Lasten-Wechsel ist zum 10.01. erfolgt. Somit konnte der Erblasser über das Grundstück frei verfügen. Jedoch ist die Eigentumsumschreibung im Grundbuch noch nicht erfolgt. Der Verkäufer ist weiterhin zivilrechtlicher Eigentümer. Es existiert für die Erben nur ein Eigentumverschaffungsanspruch.

Übrigens: *Die gleiche Problematik kann bei Gesellschaftsanteilen einer GmbH auftreten (Gesellschafterliste).*

Des Weiteren sind die **Verbindlichkeiten** nicht direkt vom Erwerb des einzelnen Wirtschaftsgutes abzuziehen, sondern zusammengefasst auszuweisen (Aktiva/Passiva-Darstellung).

Lektion 8: Schwerpunkte Erbschaftsteuer-Bewertungsrechtklausur

Prüfungsschwerpunkt: Grundvermögen

Müssen Sie eine Aufgabe mit der Ermittlung von Grundvermögen lösen, sollten Ihre ersten Ausführungen dem Feststellungsverfahren gelten. Gemäß § 138 BewG i.V.m. § 151 ff. BewG werden die Grundbesitzwerte einheitlich durch das Lagefinanzamt festgestellt. Haben Sie diesen Fußgängerpunkt geholt, können Sie mit der Ermittlung des Grundbesitzwertes anfangen.

Für die Bewertung des Grundvermögens sind drei Bewertungsverfahren zulässig:

1. Das Vergleichswertverfahren (für Wohnungs- und Teileigentum, Ein- und Zweifamilienhäuser § 182 Abs. 2 BewG).
2. Das Ertragswertverfahren (Mietwohngrundstücke und Geschäftsgrundstücke mit möglicher Vergleichsmiete (§ 182 Abs. 3 BewG).
3. Das Sachwertverfahren (Grundstücke im Sinne von 2. ohne Vergleichsmöglichkeiten).

Beim **Vergleichswertverfahren** werden Ihnen entsprechende Angaben über erzielte Verkaufspreise angegeben. Sollten Ihnen nur Vergleichsfaktoren der Gutachterausschüsse mitgeteilt werden ist gegebenenfalls der Bodenwert gesondert zu berücksichtigen (§ 183 BewG).

Das **Ertragswertverfahren** (§ 185 ff. BewG) erfolgt nach folgendem **Prüfschema**:

Prüfschema 7: Ertragswertverfahren

Schritt 1:

Es werden vom Rohertrag (§ 186 BewG) die Bewirtschaftungskosten (§ 187 BewG) abgezogen.

→

Schritt 2:

Der so ermittelte Reinertrag wird um eine angemessene Verzinsung des Bodenwertes gemindert. Als **angemessene Verzinsung** gilt ein pauschalierter Liegenschaftszins (§ 188 BewG z.B. 5 % für Mietwohngrundstücke).

Schritt 3:

Der so ermittelte endgültige **Gebäudereinertrag** ist mit einem Vervielfältiger zu kapitalisieren. Dieser Vervielfältiger ergibt sich aus der Anlage 231 des BewG in Verbindung mit der Restnutzungsdauer.

Schritt 4:

Die **Restnutzungsdauer** entspricht mindestens 30 % der wirtschaftlichen Gesamtnutzungsdauer (Vergleich).

Schritt 5:

Der **Grundbesitzwert** ist auf volle 500 Euro abzurunden.

Schritt 6:

Bei Mietwohngrundstücken erfolgt ein Abschlag, so dass der Wert nur mit 90 % anzusetzen ist.

Fall 8

Hannes Hansen, Rumimporteur verstarb plötzlich am 30.12.01 nach einer Kostprobe reinen hawaiianischen Rums. Zu seinem Nachlass gehörte ein vollständig zu Wohnzwecken vermietetes Mehrfamilienhaus (Baujahr 85) auf einem 800 m^2 großen Grundstück. Der Bodenrichtwert beträgt 400 €/m^2.

Folgende Angaben liegen vor: Das Haus ist vermietet. Die ortsübliche monatliche und auch erzielte Miete beträgt 5,20 €/m^2. Die vermietete Wohnfläche beträgt insgesamt 550 m^2. An Bewirtschaftungskosten fallen monatlich 800 € an, die nicht umgelegt werden können. Unbestritten ist aufgrund von regelmäßigen Instandsetzungsmaßnahmen von einer Restnutzungsdauer von 40 Jahren auszugehen.

Bewerten Sie das Gebäude für Zwecke der Erbschaftsteuer.

Nun also die Lösung entsprechend des **Prüfschemas 7**:

Schritt 1

Rohertrag :	5,20 €/m^2 × 550 m^2 × 12 Monate	=	34.320 €
./.			
Bewirtschaftungskosten:	800 € × 12 Monate	=	9.600 €
Reinertrag		=	24.720 €

Schritt 2

Bodenrichtwert 400 €/m^2 × 500 m^2 Grundstücksgröße × 5 % (§ 188 BewG)	=	10.000 €

Reinertrag	24.720 €
./. Bodenverzinsung	10.000 €
endgült. Reinertrag	11.720 €

Schritt 3 (Schritt 4 entfällt)

Reinertrag × Vervielfältiger (Anlage 21 BewG) 17,16	=	252.592,50 €

Schritt 5

= 252.500,00 €

Abrundung des Grundbesitzwertes (§ 139 BewG)	=	252.500,00 €

Schritt 6

Ansatz mit 90 %

Grundbesitzwert 252.500 € × 90 %	= **227.500,00 €**

Prüfungsschwerpunkt: Betriebsvermögen

Grundsätzlich wird der gemeine Wert als Basis für das Betriebsvermögen herangezogen. Kann dieser nicht ermittelt werden wird das Betriebsvermögen nach einem vereinfachten Ertragswertverfahren ermittelt:

Für die Ermittlung des Betriebsvermögens ist dieses zu unterteilen in

1. betriebsnotwendiges Vermögen (Grundlage für das Ertragswertverfahren).

2. Davon abzusetzen ist das nicht betriebsnotwendige Vermögen. Dieses wird separat mit dem gemeinen Wert berechnet. Dieses Vermögen wird auch Verwaltungsvermögen genannt.

3. Ebenfalls separat zu bewerten ist „junges“ Betriebsvermögen. Darunter wird Betriebsvermögen verstanden, dass innerhalb von zwei Jahren vor dem Bewertungsstichtag eingelegt wurde und kein Verwaltungsvermögen ist.

Grundlage des Jahresertrages ist der Gewinn gemäß § 4 Abs. 1 EStG.

Dieser ist um folgende Korrekturen zu berichtigen:

Abzurechnende Korrekturen

Korrektur 1	besondere Abschreibungen (§ 202 Abs. 1 Nr. 1a) BewG)
Korrektur 2	Eliminierung des Firmenwertes (§202 Abs. 1 Nr. 1b) BewG)
Korrektur 3	einmalige Verlustvorgänge (§ 202 Abs. 1 Nr. 1c) BewG)

+

Hinzuzurechnende Korrekturen

Korrektur 4	regelmäßig wiederkehrende Investitionszulagen (§ 202 Abs. 1 Nr. 1d) BewG)
Korrektur 5	Ertragsteueraufwand (§ 202 Abs. 1 Nr. 1e) BewG)
Korrektur 6	Aufwendungen für nicht betriebsnotwendiges Vermögen (§ 202 Abs. 1 Nr. 1f) BewG)

Die so ermittelten Jahreserträge der vergangenen drei Jahre werden multipliziert und durch drei geteilt. Das Ergebnis ist der Durchschnittsertrag.

Dieser Durchschnittsertrag wird mit einem Basiszins (herausgegeben durch die Deutsche Bundesbank § 203 BewG) und einem Zuschlag von 4,5 % kapitalisiert.

Dabei ist zu beachten, dass der Kapitalisierungsfaktor der Kehrwert des Kapitalisierungszinssatzes ist.

z.B. Basiszins 3,5 % + Zuschlag 4,5 % = 8 % Kapitalisierungszinssatz

$$\frac{100}{8} = 12,5$$

	Wert des Betriebsvermögens 1	(Kapitalisiert im Ertragswertverfahren)
+	Wert des Betriebsvermögens 2	(gemeiner Wert → Verwaltungsvermögen)
+	Wert des Betriebsvermögens 3	(gemeiner Wert → junges Betriebsvermögen)
	Wert des Betriebsvermögens	

Wichtig: *Beträgt das Verwaltungsvermögen mehr als 50 % des Betriebsvermögens, entfallen die Vergünstigungen des § 13a ErbStG.*

Unter Verwaltungsvermögen wird verstanden (§ 13b Abs. 2 ErbStG):

- An Dritte vermietete Grundstücke (mit Einschränkungen)
- Anteile an Kapitalgesellschaften bei einem Anteilsbesitz von <25 %
- Beteiligungen an Personengesellschaften, deren Anteil an Verwaltungsvermögen ebenfalls >50 % ist
- Wertpapiere und Geldeinlagen
- Kunstgegenstände und -sammlungen

Allgemeine Hinweise

Hilfreich für die Strukturierung der Lösung ist das Berechnungsschema der ERbStRL 24a. Denken Sie daran auch die Fachtermini zu verwenden!

Prüfschema 8: Berechnung des steuerpflichtigen Erwerbs	
1.	Steuerwert des land- und forstwirtschaftlichen Vermögens
-	Befreiungen nach § 13 Abs. 1 Nr. 2 und 3 ErbStG
+	Steuerwert des Betriebsvermögens
-	Befreiungen nach § 13 Abs. 1 Nr. 2 und 3 ErbStG
+	Steuerwert der Anteile an Kapitalgesellschaften
Zwischensumme	
-	Freibetrag und Bewertungsabschlag nach § 13a ErbStG
+	Steuerwert des Grundvermögens
-	Befreiungen nach § 13 Abs. 1 Nr. 2 und 3 ErbStG
+	Steuerwert des übrigen Vermögens
-	Befreiungen nach § 13 Abs. 1 Nr. 1 und 2 ErbStG
=	**Vermögensanfall nach Steuerwerten**
2.	Steuerwert der Nachlassverbindlichkeiten, soweit nicht vom Abzug ausgeschlossen, mindestens Pauschbetrag für Erbfallkosten (einmal je Erbfall)
=	**abzugsfähige Nachlassverbindlichkeiten**
3.	Vermögensanfall nach Steuerwerten (1.)
-	abzugsfähige Nachlassverbindlichkeiten (2.)
-	weitere Befreiungen nach § 13 ErbStG
=	**Bereicherung des Erwerbers**
4.	Bereicherung des Erwerbers (3.)

-	ggf. steuerfreier Zugewinnausgleich § 5 Abs. 1 ErbStG
+	ggf. hinzuzurechnende Vorerwerbe § 14 ErbStG
-	persönlicher Freibetrag § 16 ErbStG
-	besonderer Versorgungsfreibetrag § 17 ErbStG
=	**steuerpflichtiger Erwerb** (abzurunden auf volle hundert EUR)

Prüfschema 9: Ermittlung der festzusetzenden Erbschaftsteuer

1.		Tarifliche Erbschaftsteuer nach § 19 ErbStG
	-	Abzugsfähige Steuer nach § 14 Abs. 1 ErbStG
	-	Entlastungsbetrag nach § 19a ErbStG
	=	Summe 1
2.	-	Ermäßigung nach § 27 ErbStG (dabei Steuer lt. Summe 1 nach § 27 Abs. 2 ErbStG aufzuteilen und zusätzlich Kappungsgrenze nach § 27 Abs. 3 ErbStG zu beachten)
	-	Anrechenbare Steuer nach § 6 Abs. 3 ErbStG
	=	Summe 2
3.	-	Anrechenbare Steuer nach § 21 ErbStG (dabei Steuer lt. Summe 2 nach § 21 Abs. 1 Satz 2 aufzuteilen)
	=	Summe 3
		höchstens nach § 14 Abs. 2 ErbStG begrenzte Steuer (Hälfte des Werts des weiteren Erwerbs)
	=	**Festzusetzende Erbschaftsteuer**

Wie in jeder Klausur gilt auch hier: Üben Sie im Vorfeld die Fälle. Lösen Sie so viel wie möglich die Übungsklausuren, um ein Zeitgefühl und ein Problembewusstsein zu entwickeln.

Lektion 9: Die Ertragsteuerrechtklausur (Einkommensteuer)

Eine Ertragsteuerrechtklausur beinhaltet als Hauptblock das Einkommensteuer- bzw. Internationales Steuerrecht.

Das Einkommensteuerrecht ist so umfangreich, das wirklich die unterschiedlichsten Problemstellungen behandelt werden können. Es lassen sich keine Schwerpunkte aufzeigen.

Von gemischten Schenkungen, über Waffenhandel in Katar bis zur Erörterung, ob ein Kinderfreibetrag zu gewähren sei, ist in Steuerrechtsklausuren alles vertreten.

Es ist sicherlich nicht möglich, sich auf jede Unwägbarkeit einzustellen und jedes Problem durchzuarbeiten. Es lassen sich jedoch grundsätzliche Hilfestellungen für die Vorbereitung zu geben:

- Lesen Sie im Vorfeld so viel wie möglich die aktuellen BFH-Entscheidungen. Das hat zum einen den Vorteil, dass im Leitsatz und in der Zusammenfassung die Gesetzessystematik sehr schön dargestellt wird. Zum anderen ist zu beobachten, dass immer wieder relativ aktuelle Entscheidungen das Gerüst für einen Einzelsachverhalt bilden.

- Es bietet sich an, während der Ausbildung (für die Laufbahn in der Finanzverwaltung) bzw. mindestens ein Jahr vor Beginn der Vorbereitung (Steuerberaterexamen) das Abonnement für eine Fachzeitschrift (z.B. die Zeitschrift „DStR") abzuschließen.

- So wie für jede Klausurvorbereitung gilt auch hier:

  - Lösen Sie so viel wie möglich Aufgaben.

  - Die Zeit ist Ihr Feind.

  - Die Formulierungen für die Fußgängerpunkte müssen Ihnen aus der Feder strömen, ohne dass Sie darüber nachdenken müssen.

- Doch leider ist die Probezeit bereits lange vorbei.
  - Sie befinden sich im Ernstfall.
  - Sie sitzen vor Ihrer Klausur.
  - Wie könnte diese aussehen:

Ein **komplexer Sachverhalt** geht zumeist bis zur Berechnung des zu versteuernden Einkommens.

Die Einkünfte sind zu ermitteln, meistens werden **Wahlrechte** angesprochen und ein möglichst geringes Einkommen verlangt. Nach der Ermittlung der Einkünfte, werden diverse Vergünstigungen in Form von Sonderausgaben, außergewöhnlichen Belastungen, Freibeträge etc. aufgezeigt.

Achten Sie genau auf die Aufgabenformulierung und negative Abgrenzungen!

1. Wird z.B. nichts zur Steuerpflicht, Tarif etc. gesagt, ist das Ihre Einladung Fußgängerpunkte einzusammeln.

2. Wird z.B. die unbeschränkte Steuerpflicht bereits in der Aufgabenstellung festgestellt, müssen Sie darüber keine zeitraubenden Antworten formulieren!

Mögliche Klausurtypen sind die **Beraterklausur** und die **Einzelsachverhalte**.

Bei einer sogenannten **Beraterklausur** sind Sie selbstständiger Steuerberater. Sie sitzen in Ihrer eigenen Kanzlei und bekommen Besuch ...

Auch dieser **Klausurtyp** ist eher von einem komplexen Sachverhalt gekennzeichnet. Auch hier gilt: Achten Sie auf die Einstiegspunkte zur Steuerpflicht, Veranlagungsform etc.

Völlig anders stellt sich der Klausurtyp „**Einzelsachverhalte**" dar. Dieser besteht – wie der Name schon sagt – aus vielen kleinen voneinander unabhängigen Einzelsachverhalten. (zum Beispiel ist für F ein Kinderfreibetrag zu gewähren? Wie hoch ist der Sonderausgabenabzug für B im Veranlagungszeitraum? etc.).

Diese Sachverhalte sind so komprimiert wie möglich, aber umfassend wie nötig darzustellen. Alle Tatbestandsvoraussetzungen sind abzuprüfen und zu bewerten. Gehen Sie dabei am Besten mit der Gutachtentechnik vor (Wenn-Lösung). Sie prüfen also die Voraussetzungen schrittweise und „wandern" mit jeder erfolgreichen Prüfung der Lösung einen Schritt näher.

Wichtig: *Wird von Ihnen eine gutachterliche Stellungnahme verlangt, müssen Sie immer die* Gutachtentechnik *anwenden.*

Besonders beim zuletzt genannt Klausurtyp ist die Zeit der dominierende Faktor. Die verbleibende Lösungszeit lässt sich durch die Fülle der Einzelsachverhalte sehr schlecht abschätzen. Verstricken Sie sich in ein kleines gering bepunktetes Problem, kann das der Anfang vom Ende bedeuten.

Das Prüfschema für die Ermittlung des zu versteuernden Einkommens haben Sie auf Ihrem Platz (EStRL 2).

Prüfschema 10: Einkommensteuer/Ermittlung des zu versteuernden Einkommens

Umfang der Besteuerung

(1) Das zu versteuernde Einkommen ist wie folgt zu ermitteln:

1		Summe der Einkünfte aus den Einkunftsarten
2	=	Summe der Einkünfte
3	-	Altersentlastungsbetrag (§ 24a EStG)
4	-	Entlastungsbetrag für Alleinerziehende (§ 24b EStG)
5	-	Freibetrag für Land- und Forstwirte (§ 13 Abs. 3 EStG)
6	+	Hinzurechnungsbetrag (§ 52 Abs. 3 Satz 3 EStG sowie § 8 Abs. 5 Satz 2 AIG)

7	=	Gesamtbetrag der Einkünfte (§ 2 Abs. 3 EStG)
8	-	Verlustabzug nach § 10d EStG
9	-	Sonderausgaben (§§ 10, 10a, 10b, 10c EStG)
10	-	außergewöhnliche Belastungen (§§ 33 bis 33b EStG)
11	-	Steuerbegünstigung der zu Wohnzwecken genutzten Wohnungen, Gebäude und Baudenkmale sowie der schutzwürdigen Kulturgüter (§§ 10e bis 10i EStG, 52 Abs. 21 Satz 6 EStG i.d.F. vom 16.4.1997, BGBl I S. 821 und § 7 FördG)
12	+	zuzurechnendes Einkommen gemäß § 15 Abs. 1 AStG
13	=	Einkommen (§ 2 Abs. 4 EStG)
14	-	Freibeträge für Kinder (§§ 31, 32 Abs. 6 EStG)
15	-	Härteausgleich nach § 46 Abs. 3 EStG, § 70 EStDV
16	=	zu versteuerndes Einkommen (§ 2 Abs. 5 EStG).

Sollte die Aufgabenstellung noch weiter gehen und Sie sollen auch die Steuerbelastung ermitteln, hilft Ihnen folgendes Prüfschema (ebenfalls ESTRL 2):

Prüfschema 11: Festzusetzende Einkommensteuer

Die festzusetzende Einkommensteuer ist wie folgt zu ermitteln:

1		Steuerbetrag a) nach § 32a Abs. 1, 5, § 50 Abs. 3 EStG oder b) nach dem bei Anwendung des Progressionsvorbehalts (§ 32b EStG) oder der Steuersatzbegrenzung sich ergebenden Steuersatz
2	+	Steuer auf Grund Berechnung nach den §§ 34, 34b EStG
2a	+	Steuer auf Grund Berechnung nach § 32d Abs. 3 EStG

→

3	+	Steuer auf Grund der Berechnung nach § 34a Abs. 1, 4 bis 6 EStG
4	=	tarifliche Einkommensteuer (§ 32a Abs. 1, 5 EStG)
5	–	Minderungsbetrag nach Punkt 11 Ziff. 2 des Schlussprotokolls zu Artikel 23 Doppelbesteuerungsabkommen Belgien in der durch Artikel 2 des Zusatzabkommens vom 5. 11. 2002 geänderten Fassung (BGBl II 2003 S. 1615)
6	–	ausländische Steuern nach § 34c Abs. 1 und 6 EStG, § 12 AStG
7	–	Steuerermäßigung nach § 35 EStG
8	–	Steuerermäßigung für Steuerpflichtige mit Kindern bei Inanspruchnahme erhöhter Absetzungen für Wohngebäude oder der Steuerbegünstigungen für eigengenutztes Wohneigentum (§ 34f Abs. 1 und 2 EStG)
9	–	Steuerermäßigung bei Zuwendungen an politische Parteien und unabhängige Wählervereinigungen (§ 34g EStG)
10	–	Steuerermäßigung nach § 34f Abs. 3 EStG
11	–	Steuerermäßigung nach § 35a EStG
12	+	Steuern nach § 34c Abs. 5 EStG
13	+	Nachsteuer nach § 10 Abs. 5 EStG in Verb. mit § 30 EStDV
14	+	Zuschlag nach § 3 Abs. 4 Satz 2 ForstSchAusglG
15	+	Anspruch auf Zulage für Altersvorsorge nach § 10a Abs. 2 EStG
16	+	Anspruch auf Kindergeld oder vergleichbare Leistungen, soweit in den Fällen des § 31 EStG das Einkommen um Freibeträge für Kinder gemindert wurde
17	=	festzusetzende Einkommensteuer (§ 2 Abs. 6 EStG).

Vier weitere Hinweise

1. Bei komplexen Sachverhalten ist der zweite Schritt (nach vollständiger Erfassung) die Ermittlung der Einkünfte und daraus folgend die Summe der Einkünfte. Es ist natürlich Ihnen und Ihrer persönlichen Passion überlassen, mit welcher Einkunftsart Sie beginnen. Aber bitte, sortieren Sie für die Abgabe Ihre Lösung entsprechend dem Gesetzesschema, also:

Prüfschema 12: Abgabereihenfolge der Einkunftsarten

Einkünfte aus **Land- und Forstwirtschaft**	(§ 13 EStG)
Einkünfte aus **Gewerbebetrieb**	(§ 15 ff. EStG)
Einkünfte aus **selbständiger Arbeit**	(§ 18 EStG)
Einkünfte aus **nichtselbständiger Arbeit**	(§ 19 EStG)
Einkünfte aus **Kapitalvermögen**	(§ 20 EStG)
Einkünfte aus **Vermietung und Verpachtung**	(§ 21 EStG)
Sonstige Einkünfte	(§ 22 EStG)

Nichts verunsichert einen Prüfer mehr, als ein abweichendes Lösungsschema!

2. Verwenden Sie bei Ihrer Lösung die exakten fachlichen Termini.

Das bedeutet: Bei den Einkünften der §§ 13 – 18 EStG handelt es sich um Gewinneinkunftsarten. Von den Betriebseinnahmen sind die Betriebsausgaben abzuziehen, um den Gewinn zu ermitteln. Es existieren die Gewinnermittlungsvorschriften (§ 5 Abs. 1 EStG i.V.m. § 4 Abs. 1 EStG und § 4 Abs. 3 EStG).

Dagegen handelt es sich bei den Einkünften § 19 – 22 EStG um Überschusseinkunftsarten. Von den steuerbaren Einnahmen sind die Werbungskosten abzuziehen um den Überschuss zu ermitteln.

3. Grenzen Sie nicht Gott und die Welt negativ ab.

Stellung beziehen und diese mit einem kurzen Satz negativ abgrenzen, soweit erforderlich.

Wenn keine außergewöhnlichen Belastungen oder Kinder in der Aufgabenstellung auftauchen, müssen Sie an passender Lösungsstelle (siehe Schema) nichts dazu schreiben. Nur wirklich zu aufgeworfenen Problemen Stellung beziehen.

4. Arbeiten Sie mit dem Gesetz.

Wie ist zu verfahren, wenn ein Sachverhalt nicht eindeutig aus dem Gesetz subsumiert werden kann? Gerade diese Teilschritte sind im Gutachtenstil unerlässlich.

Für die Arbeit mit dem Gesetz existieren vier Prüfschritte. Hierzu die Übersicht 4:

Übersicht 4: Arbeit mit dem Gesetz

1. Stimmt der **Wortlaut der Norm** mit dem Sachverhalt überein?
2. Deckt der Wortlaut des Gesetzes nicht den Sachverhalt, müssen Sie das Gesetz systematisch auslegen. Das bedeutet. Wo steht diese Rechtsnorm im Gesetz? Wie ist der **Regelungsgehalt** des Abschnittes? Existiert eine Zwischenüberschrift?
3. Hilft das auch nicht weiter, erfolgt die **teleologische Würdigung** der Rechtsnorm. Das bedeutet, Sie versuchen den Regelungsinhalt der Norm so zu abstrahieren, dass der Zweck des Gesetzgebers berücksichtigt wird. Sie müssen sich also fragen. Was will der Gesetzgeber mit dieser Norm erreichen.
4. Als letzter Schritt (der sicherlich in Klausuren keine Rolle spielt) ist die **historische Auslegung** einer Rechtsnorm vorzunehmen. Diese Herangehensweise kann zum Beispiel bei einem späteren Finanzgerichtsprozess hilfreich sein. Für eine historische Auslegung müssen Sie sich die Druckschriften (Bundestag/Bundesrat) besorgen, in dem die Gesetze vor der Verabschiedung diskutiert wurden. Die damaligen Argumentationen geben einen historischen Kontext, was der Gesetzgeber genau mit der Norm bezweckte!

Wird die Prüffrage negativ beantwortet, erfolgt der nächste Prüfschritt.

Lektion 10: Die Ertragsteuerrechtklausur (Körperschaftsteuer)

Aufgrund der beruflichen Vorbildung haben nur die wenigsten Prüfungsteilnehmer für diesen Themenkomplex Routine entwickeln können. Dementsprechend besteht in der Vorbereitung eine gewisse Scheu vor diesem Prüfungspunkt. Diese Scheu ist verständlich, jedoch unbegründet.

Lapidar gesagt: Die **Körperschaftsteuer** ist auch nur eine Form der Einkommensteuer. Das ergibt sich bereits aus der Berechnungssystematik. Grundlage für die Ermittlung des Einkommens ist der nach einkommensteuerrechtlichen Grundsätzen ermittelte Gewinn (§ 8 KStG). Darauf aufbauend wird das zu versteuernde Einkommen von **juristischen** und nicht natürlichen **Personen** ermittelt.

Der Umfang des Körperschaftsteuerteils im Rahmen der Ertragsteuerklausur beträgt z.B. beim Steuerberaterexamen 30 – 40 %. Diese Punkte gilt es zu erhalten.

Im Gegensatz zum Einkommensteuerteil hat der Körperschaftsteuerteil den Vorteil, dass immer wieder **Klassiker**, wie die verdeckte Gewinnausschüttung oder die verdeckte Einlage auftauchen.

Was existierten bisher für Prüfungsschwerpunkte?

- Verdeckte Gewinnausschüttung
- Verdeckte Einlagen
- Gesonderte Feststellungen (z.B. § 27 KStG)
- Steuerberechnung
- Verlustabzug und Mantelkauf

Wie ist eine Körperschaftsteuerklausur zu lösen?

Eine Lösungsbesonderheit stellt die **mehrstufige Ermittlung des Gewinns** dar. Diese Ermittlung erfolgt in einer **Gewinnermittlungsstufe 1 und 2**.

Die Sachverhalte sind in der Gewinnermittlungsstufe 1 zuerst handelsrechtlich und dann auf Ihre Auswirkungen in der Steuerbilanz zu prüfen.

Die Gewinnermittlungsstufe 2 würdigt die Auswirkungen auf das zu versteuernde Einkommen. (außerbilanzielle Gewinnkorrekturen).

Prüfschema 13: Mehrstufige Gewinnermittlung

Der **handelsrechtliche Jahresabschluss** gemäß Ermittlungsgrundsätze HGB (HB, §238 ff. HGB)

▼

bildet die Grundlage für die Ermittlung des **Steuerbilanzgewinns** (StB, Maßgeblichkeitsgrundsatz (§ 5 Abs. 1 KStG) und dieser

▼

bildet die Grundlage für die Ermittlung des zu **versteuernden Einkommens** (z.v.E.; § 8 Abs. 1 KStG).

Beispiel: Aufgrund einer Betriebsprüfung wird der Gewinn 08 für die XYZ GmbH um 100.000 € erhöht.

In der Gewinnermittlungsstufe 1 werden nun aufgrund der Gewinnerhöhung die Steuerrückstellungen (Körperschaftsteuer und Gewerbesteuer) berechnet und dargestellt.

Dabei handelt es sich jedoch um nicht abziehbare Aufwendungen (§ 10 KStG). Für die Ermittlung des zu versteuernden Einkommens werden diese Steuerabzüge wieder dem Einkommen hinzugerechnet.

Bearbeitungshinweise:

In der Regel ist das zu versteuernde Einkommen zu ermitteln und die sich daraus ergebenden steuerlichen Konsequenzen zu ziehen (Steuerbelastung). Dabei ist es hilfreich, vor der eigentlichen Lösungsbearbeitung sich für eine schnelle Endberechnung auf einem Extrablatt eine Tabelle anzufertigen. Diese könnte wie folgt aussehen:

Aufgabe/ Sachverhalt	Änderung HB	Änderung StB	Änderung z.v.E.	Erläuterungen zur Lösung
„Ursprungs-gewinn"	......	......	......	
......				
......				
SUMME	......	......	......	

Wie können Sie jetzt mit dieser Tabelle arbeiten:

1. Es nützt nichts, wenn Sie zum ersten Mal während des Ernstfalls auf diese Tabelle zurückgreifen. Sie müssen bereits im Vorfeld, beim Klausuren Training immer wieder mit Hilfe einer Tabelle die Aufgaben gelöst haben. Die Arbeit damit, muss Ihnen ins Fleisch und Blut übergegangen sein.

2. Sie bearbeiten den Sachverhalt unter handelsrechtlicher Würdigung.

3. Der so ermittelte „neue“ Handelsbilanzgewinn wird in die Spalte Steuerbilanz übertragen und unter steuerbilanziellen Gesichtspunkten bearbeitet.

4. Der so ermittelte Gewinn gemäß § 4 Abs. 1 wird in die letzte Spalte übertragen und in Hinblick auf außerbilanzielle Korrekturen dargestellt.

Fall 9

Der Gesellschafter- Geschäftsführer der „Jodel GmbH“, Anton Tirol, zahlte sich im Dezember 01 eine Tantieme in Höhe von 20.000 €. Dieser Sachverhalt wurde durch die Buchhaltung zuerst auf ein „Verrechnungskonto Gesellschafter“ gebucht, da der Überweisungstext missverständlich war. Tatsächlich reichte Herr Anton eine Vereinbarung für die Tantieme Zahlung nach. Aufgrund des niedrigen Gewinns wäre jedoch nur eine Tantieme von 5.000 € angemessen.

Stellen Sie bitte die Auswirkungen dar.

Es handelt sich ganz klar um eine zum Teil verdeckte Gewinnausschüttung. Es nützt natürlich nichts, dass einfach hinzuschreiben und zu hoffen, Punkte zu erhalten.

Die Definition der verdeckten Gewinnausschüttung muss anhand der vorliegenden Tatbestandsvoraussetzungen mindestens einmal sauber durchgeprüft werden (KStR 36):

1. Es liegt kein offener Gewinnverwendungsbeschluss vor (Lohnaufwand).

2. Durch den Mehraufwand (20.000 € gezahlt ./. 5.000 € angemessen) von 15.000 € ergibt sich eine Auswirkung auf den Unterschiedsbetrag nach § 4 Abs. 1 EStG.

3. Mit einem Fremdgeschäftsführer würde eine solche Tantiemevereinbarung nicht abgeschlossen werden. Insoweit liegt eine gesellschaftsrechtliche Veranlassung vor.

4. Durch die Auszahlung kam es bei der GmbH zu einer Vermögensminderung.

5. Durch die Zahlung kam es beim Anteilseigner zu einem Zufluss. Dieser Zufluss führte zu Einkünften nach § 20 Abs. 1 Nr. 1 S. 2 EStG.

Wie ist der Sachverhalt zu erfassen?

Handelsrechtlich handelt es sich um eine Lohnzahlung und um Aufwand. Der Sachverhalt muss laut Aufgabenstellung nacherfasst werden. Auch für die Steuerbilanz ergeben sich keine Änderungen. Die Erfassung als verdeckte Gewinnausschüttung erfolgt außerbilanziell auf der Ebene zur Ermittlung des zu versteuernden Einkommens.

Aufgabe/ Sachverhalt	Änderung HB	Änderung StB	Änderung z.v.E.	Erläuterungen zur Lösung
„Tantieme"	./. 20.000	./. 20.000	./. 20.000	Lohnaufwand
„Überzahlung"			+ 15.000	vGA
......				
SUMME	./. 20.000	./. 20.000	./. 5.000	

Der kleine Bruder der verdeckten Gewinnausschüttung – und auch immer wieder relevanter Prüfungsstoff – ist die **verdeckte Einlage**. Auch diese Tatbestandsvoraussetzungen sind gemäß KStR 40 immer sauber darzustellen.

Wie könnte ein solcher Fall aussehen?

Fall 10

Herr Anton Tirol gewährte der GmbH ein Darlehen in Höhe von 100.000 €. Für dieses Darlehen liegt ein zivilrechtlich wirksamer Darlehensvertrag vor. Die Verzinsung von 5 % p.a. ist angemessen und fremdüblich. Aufgrund von Weihnachtsgefühlen verzichtet Herr Tirol schriftlich auf die Zinsen des Jahres 01 in Höhe von 5.000 €. Bitte würdigen Sie den Sachverhalt.

Eine verdeckte Einlage liegt vor, wenn ein Gesellschafter oder eine ihm nahe stehende Person der Körperschaft außerhalb der gesellschaftsrechtlichen Einlagen einen einlagefähigen Vermögensvorteil zuwendet und diese Zuwendung durch das Gesellschaftsverhältnis veranlasst ist. Mit dem Verzicht auf die Zinsforderung erfolgte ein solcher einlagefähiger und gesellschaftsrechtlicher Vermögensvorteil.

Die verdeckte Einlage muss außerbilanziell bei der Ermittlung des zu versteuernden Einkommens in Abzug gebracht werden. Verdeckte Einlagen dürfen sich nicht auf die Höhe des Einkommens auswirken.

Die Bewertung erfolgt mit dem Teilwert. In dem Fall liegt in Höhe von 5.000 € eine verdeckte Einlage vor.

Aufgabe/ Sachverhalt	**Änderung HB**	**Änderung StB**	**Änderung z.v.E.**	**Erläuterungen zur Lösung**
Zins-verzicht	+ 5.000	+ 5.000	+ 5.000	Ertrag
			./. 5.000	Verd. Einlage
......				
SUMME	+ 5.000	+ 5.000	0	

Steuerliches Einlagenkonto

Eine weitere Besonderheit im Körperschaftsteuerteil stellt das steuerliche Einlagenkonto dar.

Dabei handelt es sich um die Darstellung der Auswirkungen von Ausschüttungen und Einlagen auf das Eigenkapital der Körperschaft.

Haben Sie eine Aufgabenstellung vor sich, die neben den viel zu vielen zu würdigenden Sachverhalten zusätzlich nach den Auswirkungen auf das steuerliche Einlagekonto fragt, bietet sich vor dem verzweifelten Biss in die Tischkante folgende Zusammenfassung an:

Sach-verhalt	Verdeckte Einlage	Verdeckte Gewinnaus-schüttung	Zeitpunkt	Betrag	Leistung (Ausschüttung § 27 KStG)	Leistung (Einlage § 27 KStG)
......	×		......	......		......
......		×	......	......	......	
etc.						

Parallel zur Lösung tragen Sie die Auswirkungen in diese Tabelle ein und haben zum Schluss bereits eine Zusammenfassung, ohne dass Sie sich die Zahlen aus dem Stapel Papier zusammensuchen müssen.

Für unser Beispiel würde es folgendermaßen aussehen:

Sachverhalt	Verdeckte Einlage	Verdeckte Gewinnausschüttung	Zeitpunkt	Betrag	Leistung (Ausschüttung § 27 KStG)	Leistung (Einlage § 27 KStG)
Zinsverzicht	×		31.12.01	5.000		5.000
Tantieme		×	31.12.01	15.000	15.000	
etc.						

Hilfreich ist es zudem die Prüfschemata zur Ermittlung des zu versteuernden Einkommens (KStR 29) bzw. zur Ermittlung der festzusetzenden Steuer (KStR 30) heranzuziehen. Dadurch wird gewährleistet, dass kein Bearbeitungspunkt vergessen wird.

Prüfschema 14: Die Ermittlung des zu versteuernden Einkommens

1	Gewinn/Verlust lt. Steuerbilanz bzw. nach § 60 Abs. 2 EStDV korrigierter Jahresüberschuss/Jahresfehlbetrag lt. Handelsbilanz unter Berücksichtigung der besonderen Gewinnermittlung bei Handelsschiffen nach § 5a EStG	
2	+	Hinzurechnung von vGA (§ 8 Abs. 3 Satz 2 KStG)
3	-	Abzug von Gewinnerhöhungen im Zusammenhang mit bereits in vorangegangenen VZ versteuerten vGA
4	-	Berichtigungsbetrag nach § 1 AStG
5	-	Einlagen (§ 4 Abs. 1 Satz 5 EStG)
6	+	nichtabziehbare Aufwendungen (z.B. § 10 KStG, § 4 Abs. 5 EStG, § 160 AO)

7	+	Gesamtbetrag der Zuwendungen nach § 9 Abs. 1 Nr. 2 KStG
8	+/-	Kürzungen/Hinzurechnungen nach § 8b KStG und § 3c Abs. 1 EStG
9	-	sonstige inländische steuerfreie Einnahmen (z.B. Investitionszulagen)
10	+/-	Korrekturen bei Organschaft i.S. der §§ 14, 17 und 18 KStG (z.B. gebuchte Gewinnabführung, Verlustübernahme, Ausgleichszahlungen i.S. des § 16 KStG)
11	+/-	Hinzurechnungen und Kürzungen bei ausländischen Einkünften u.a. - Korrektur um nach DBA steuerfreie Einkünfte unter Berücksichtigung des § 3c Abs. 1 EStG, - Hinzurechnung nach § 52 Abs. 3 EStG i.V.m. § 2a Abs. 3 und 4 EStG 1997, - Abzug ausländischer Steuern nach § 26 Abs. 6 KStG oder § 12 Abs. 3 AStG i.V.m. § 34c Abs. 2, 3 und 6 EStG, - Hinzurechnungsbetrag nach § 10 AStG einschließlich Aufstockungsbetrag nach § 12 Abs. 1 und 3 AStG, - Hinzurechnungen und Kürzungen von nicht nach einem DBA steuerfreien negativen Einkünften nach § 2a Abs. 1 EStG
12	+/-	Hinzurechnungen und Kürzungen bei Umwandlung u.a. - nach § 4 Abs. 6 und 7 bzw. § 12 Abs. 2 Satz 1 UmwStG nicht zu berücksichtigender Übernahmeverlust oder -gewinn, - Hinzurechnungsbetrag nach § 12 Abs. 2 Satz 2 und 3 UmwStG
13	+/-	sonstige Hinzurechnungen und Kürzungen u.a. - nach § 52 Abs. 59 EStG i.V.m. § 50c EStG i.d.F. des Gesetzes vom 24. 3. 1999 (BGBl. I S. 402) nicht zu berücksichtigende Gewinnminderungen, - nicht ausgleichsfähige Verluste nach § 8 Abs. 4 Satz 4 und nach § 13 Abs. 3 KStG sowie nach §§ 2b, 15 Abs. 4, § 15a Abs. 1 EStG, - Hinzurechnungen nach § 15a Abs. 3 EStG, § 13 Abs. 3 Satz 10 KStG, - Kürzungen nach § 2b Satz 4, § 15 Abs. 4 Satz 2, 3 und 6, § 15a Abs. 2, Abs. 3 Satz 4 EStG, § 13 Abs. 3 Satz 7 KStG, - Gewinnzuschlag nach § 6b Abs. 7 und 8, § 7g Abs. 5 EStG

14	=	steuerlicher Gewinn (Summe der Einkünfte in den Fällen des R 29 Abs. 2 Satz 1 KStR; Einkommen i.S. des § 9 Abs. 2 Satz1 KStG)
15	-	abzugsfähige Zuwendungen nach § 9 Abs. 1 Nr. 2 KStG
16	+/-	bei Organträgern: - Zurechnung des Einkommens von Organgesellschaften (§§ 14, 17 und 18 KStG), - Kürzungen/Hinzurechnungen nach § 8b KStG, § 3c Abs. 1 EStG und § 4 Abs. 7 UmwStG bezogen auf das dem Organträger zugerechnete Einkommen von Organgesellschaften (§ 15 Nr. 2 KStG) bei Organgesellschaften: - Abzug des dem Organträger zuzurechnenden Einkommens (§§ 14, 17 und 18 KStG)
17	=	Gesamtbetrag der Einkünfte i.S. des § 10d EStG
18	-	bei der übernehmenden Körperschaft im Jahr des Vermögensübergangs zu berücksichtigender Verlust nach § 12 Abs. 3 Satz 2 bzw. § 15 Abs. 4 UmwStG
19	-	Verlustabzug nach § 10d EStG
20	=	Einkommen
21	-	Freibetrag für bestimmte Körperschaften (§ 24 KStG)
22	-	Freibetrag für Erwerbs- und Wirtschaftsgenossenschaften sowie Vereine, die Land- und Forstwirtschaft betreiben (§ 25 KStG)
23	=	zu versteuerndes Einkommen

Und im Anschluss gleich entsprechend das Prüfschema für die festzusetzende und die verbleibende Körperschaftsteuer.

Prüfschema 15: Die festzusetzende und die verbleibende Körperschaftsteuer

1		Steuerbetrag nach Regelsteuersatz (§ 23 Abs. 1 KStG) bzw. Sondersteuersätzen (z.B. §§ 26 Abs. 6 Satz 1 KStG i.V.m. § 34c Abs. 5 EStG)
2	-	anzurechnende ausländische Steuern nach § 26 Abs. 1 KStG, § 12 AStG
3	=	Tarifbelastung
4	-	Körperschaftsteuerminderung nach § 37 Abs. 2 ggf. i.V.m. § 40 Abs. 3 und 4 KStG, §§ 10, 14, 16 UmwStG
5	+	Körperschaftsteuererhöhung nach § 38 Abs. 2 ggf. i.V.m. § 40 Abs. 3 und 4 KStG, §§ 10, 14, 16 UmwStG
6	+	Körperschaftsteuererhöhung nach § 37 Abs. 3 KStG
7	=	festzusetzende Körperschaftsteuer
8	-	anzurechnende Kapitalertragsteuer einschließlich Zinsabschlag
9	=	verbleibende Körperschaftsteuer

Lektion 11: Die Ertragsteuerrechtklausur (Gewerbesteuer)

Der Themenkomplex Gewerbesteuer kann innerhalb des Einkommensteuerteils, des Körperschaftsteuerteils oder als auch als eigenständiger Block erscheinen.

Worauf sollten Sie achten, wenn Ihnen die Gewerbesteuer begegnet?

a) Ebenso wie bei der Körperschaftsteuer bildet bei der Gewerbesteuer der steuerrechtliche Gewinn die Basis für die Ermittlung des Gewerbeertrages.

b) Handelsrechtliche Auswirkungen sind nicht zu betrachten, wenn die Gewerbesteuer im Rahmen des Körperschaftsteuerteils abgeprüft wird.

c) Eine Besonderheit liegt in den Hinzurechnungen und Kürzungen innerhalb der Ermittlung des Gewerbeertrages. Gern genommen werden die Hinzurechnungen aus Entgelten für Schulden, die Leasingraten und die Gewinne aus Beteiligungen an Kapitalgesellschaften, da diese im zweiten Schritt gekürzt werden können. Die Kürzung ist an weiteren Voraussetzungen geknüpft, die dankbarer Prüfungsstoff sind.

Übersicht 5: Berechnung der Gewerbesteuer

	Körperschaftsteuerliches Einkommen (Gewinn)	
+	**Hinzurechnungen**	**(§ 8 GewStG)**
./.	**Kürzungen**	**(§ 9 GewStG)**
	Gewerbeertrag	
./.	Verlustvortrag (Gewerbeverlust § 10a GewStG)	
	korrigierter Gewerbeertrag (Abrundung auf volle 100 €)	
×	Steuermesszahl 3,5 %	

	Steuermessbetrag	
×	Hebesatz der Gemeinde	
	Festzusetzende Gewerbesteuer	

Übersicht 6: Hinzurechnungen und Kürzungen in der Gewerbesteuer

HINZURECHNUNGEN		KÜRZUNGEN	
§ GewStG	**Bezeichnung**	**Bezeichnung**	**§ GewStG**
8 Nr. 1	25 % der Entgelte für Zinsen, Mieten etc. Freibetrag 100 T €	1,2 % des Einheitswert des Grundbesitz	9 Nr. 1
8 Nr. 5	steuerfreier Anteil der Ausschüttung	steuerfreier Anteil der Ausschüttung wenn >/= 15 %	9 Nr. 2a
8 Nr. 8	Verlustanteil an einer Personengesellschaft	Gewinnanteil an einer Personengesellschaft	9 Nr. 2
8 Nr. 9	Spenden	Spenden	9 Nr. 5
8 Nr. 10	ausländische Steuern, die abgezogen wurden wenn Kürzung erfolgt	Gewinn einer ausländischen Betriebsstätte	9 Nr. 3

Zusätzlich zum dargestellten Ermittlungsschema und der Bildung von Gewerbesteuerrückstellungen, kann die Zerlegung des Gewerbeertrages gefordert werden. Das ist der Fall, wenn mehrere Betriebsstätten in verschiedenen Gemeinden existieren.

Als Zerlegungsmaßstab werden die gezahlten Löhne und Gehälter herangezogen (§ 28 GewStG). Die Überlegung dabei ist, je höher der Lohnanteil ist der auf eine einzelne Betriebsstätte entfällt, desto höher wird die Belastung der Infrastruktur sein und desto höher ist der Anteil am Ertrag des Gewerbebetriebes.

Dabei sind folgende Punkte zu beachten:

- Ausbildungsvergütungen werden nicht berücksichtigt.
- Löhne für Arbeitnehmer, die nicht ausschließlich oder überwiegend beschäftigt werden, zählen nicht mit (z.B. Leiharbeitnehmer).
- Gewinnabhängige Vergütungen (z.B. Tantiemen) werden nicht berücksichtigt.
- Die Summe der jeweiligen Arbeitslöhne wird auf volle 1.000 € abgerundet.

Ist im Rahmen der Gewerbesteuer der Verlustvortrag zu prüfen, können folgende Schwerpunkte auftreten:

Für den gewerbesteuerlichen Verlust existiert nur der Verlustvortrag. Der Verlust kann nicht wie bei der Körperschaftsteuer in das Vorjahr zurückgetragen werden. Das hängt mit dem Wesen der Gewerbesteuer als reine Gemeindesteuer zusammen. Wäre ein Verlustrücktrag möglich, entfiele für die Gemeinden die Planungssicherheit für den Haushalt. Bereits eingenommene Gewerbesteuer müsste durch einen Verlustrücktrag wieder ausgezahlt werden.

Ebenso wirkt sich der Wechsel von Gesellschaftern gemäß § 8c KStG auch auf den Verlust in der Gewerbesteuer (§ 10a GewStG) aus. Wechseln also innerhalb von fünf Jahren (Betrachtungszeitraum) mehr als 25 % der GmbH-Anteile den Besitzer, so entfällt anteilig der bisher festgestellte Verlust. Wechseln sogar über 50 % der Anteile den Besitzer, so entfällt der bisher festgestellte Verlust zur Gänze. Die Unternehmensidentität wird verneint. Sollten Sie also Fragestellungen bemerken, in dem Gesellschaftsanteile verkauft und gekauft werden, vergessen Sie nicht die Prüfung des Unterganges der gewerbesteuerlichen Verluste.

Lektion 12: Die Bilanzsteuerrechtklausur

Als besonders schwierig wird die Bilanzsteuerrechtklausur empfunden. Gerade hier werden umfassende Kenntnisse des Bilanz- und Steuerrechtes vorausgesetzt. Über die handelsrechtlichen Gewinnermittlungsvorschriften hinaus, werden die steuerrechtlichen Bewertungsansätze gefordert. Es können Ausflüge in das Umwandlungssteuerrecht, in die Abgabenordnung oder Grunderwerbsteuerrecht erfolgen.

So komplex das abrufbereite Wissen sein muss, auch hier haben sich in den letzten Jahren Schwerpunkte gebildet:

Dauerbrenner sind:

- Selbständige Gebäudeteile mit nachträglichen Anschaffungskosten, Zeitpunkt der Aktivierung, Zuordnung, Höhe der Anschaffungskosten etc.

- Sonstige Problemstellungen bei den Anschaffungs- und Herstellungskosten (Zuordnung, nachträgliche Aktivierung, Teilwertabschreibung etc.)

- Beteiligungen an anderen Gesellschaften (Beteiligungserträge, Umwandlungsfälle).

- Rückstellungen (Veranlassung, Höhe Auflösung etc.).

- Auswirkungen von Betriebsprüfungen (Mehr-Weniger Rechnung, neue Bilanzansätze entwickeln).

Diese Themenschwerpunkte sollten Sie im Vorfeld besonders geübt haben. Dazu kommt natürlich das BilMoG mit der gewollten Abschaffung der Maßgeblichkeitsgrundsätze.

Wichtig: *Haben Sie Schwierigkeiten mit dem Erfassen von Geschäftsvorfällen (also dem Buchen), dann üben Sie im Vorfeld das zusätzlich.*

Die folgerichtige Darstellung von Buchungssätzen wird oft gefordert und als Basiswissen vorausgesetzt!

Grundsätzliches

Beim erstmaligen Lesen versuchen Sie ein Gefühl für die Sachverhalte zu entwickeln:

- Kristallisieren Sie dabei die Schwerpunkte der Aufgabenstellung heraus.
- Müssen Sie zum Handelsrecht oder Steuerrecht Stellung beziehen, oder zu beiden?
- Müssen Sie Buchungssätze darlegen?
- Wie weit sind die Bewertungsansätze zu entwickeln?
- Ist eine Einheitsbilanz zu erstellen?
- Sind die Gewinnauswirkungen darzustellen?
- Wird ein hoher oder niedriger Gewinn verlangt?

Zudem:

- Überschlagen Sie die benötigte Zeit.
- Schreiben Sie sich schlagwortartig die von Ihnen erkannten Probleme auf einen Extrazettel. So können Sie während der späteren Bearbeitung immer wieder mit einem Blick sehen, ob Sie noch im Bilde sind.

Beim zweiten Lesen können Sie, wenn notwendig, eine Konzeptskizze erstellen. Gerade bei verwickelten Beteiligungsverhältnissen hilft das sehr, den Überblick zu bewahren.

Ein festes Prüfschema existiert für die Bilanzsteuerrechtklausur nicht. Jedoch sollte folgendes Prüfschema für die Entwicklung der Bilanzpositionen/Ansatz der Vermögensgegenstände eingehalten werden.

Prüfschema 16: Entwicklung der Bilanzpositionen/Ansatz der Vermögensgegenstände

1. Schritt Die zivilrechtliche Einstufung

Wem wird der Vermögensgegenstand zugeordnet (wirtschaftliches versus zivilrechtliches Eigentum)?

Handelt es sich um Betriebs- oder Privatvermögen (kein Bewertungsansatz aber eventuell Nutzungseinlage)

2. Schritt Die handelsrechtliche Würdigung

Ansatz dem Grunde nach?

Beispiel: Für die Erstellung des Jahresabschlusses werden wie jedes Jahr Kosten einkalkuliert. Es ist eine Rückstellung dem Grunde nach zu bilden.

Ansatz der Höhe nach?

Aufgrund der Einführung der E-Bilanz rechnet der Geschäftsführer mit zusätzlichen Aufwendungen in Höhe von 5.000 €. Die Rückstellung wird in Höhe von 5.000 € gebildet

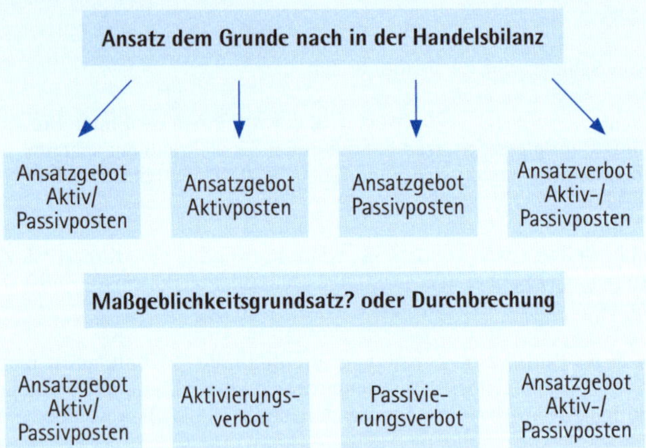

3. Schritt Die steuerrechtliche Einordnung

Wurde dem Grunde und der Höhe nach ein Vermögensgegenstand in der Handelsbilanz bewertet, ist diese Bewertung maßgeblich für die Steuerbilanz. Erst danach erfolgt die Anpassung an steuerrechtliche Bewertungsvorschriften. (z.B. Abzinsung unverzinslicher Darlehen).

4. Schritt Gewinnkorrekturen außerhalb der Bilanz

Für die Ermittlung des steuerlichen Gewinns sind auch diese darzustellen. Das könnte zum Beispiel sein bei:

- Nicht abzugsfähigen Betriebsausgaben gemäß § 4 Abs. 5 EStG
- Teileinkünfteverfahren (Beteiligungseinkünfte § 3 Nr. 40 i.V.m. § 3c EStG)
- Gewinnzuschläge nach § 6b EStG etc.

Praktische Hinweise

- Wenn **Anlagen** zu führen sind, (Erstellung geänderter Bilanzen. Mehr-Weniger-Rechnungen), schreiben Sie diese Anlagen während der Klausur fort und heben Sie sich diese Zusammenfassung nicht für den Schluss auf. Die Erfahrung lehrt, dass der Schluss mindestens eine halbe Stunde zu früh kommt.
- Ordnen Sie das umfangreiche Zahlenwerk.
- Schreiben Sie Ihre **rechnerischen Ergebnisse** abgesetzt vom eigentlichen Text, damit diese bei der Korrektur „nicht verloren gehen" können. Am besten ziehen Sie links neben den eigentlichen vorgegebenen Korrekturrand einen weiteren Rand (Abstand ca. 4 – 5 cm je nach Schreibgröße).
- In dieser „Spalte" haben dann nur die Ergebnisse etwas zu suchen. Links neben den Ergebnissen sind die entsprechenden gesetzlichen Fundstellen zu notieren.
- Bei den Angaben von **Fundstellen** zeigen Sie sich eher verschwenderisch als knauserig. Klotzen statt kleckern lautet die Devise. Die

grundsätzlichen handelsrechtlichen und steuerrechtlichen Angaben haben Sie ja sicherlich bis in Ihre Träume hinein aufgeschrieben, so dass das kein Problem sein dürfte. Es kann nie gesagt werden für welche rechtlichen Begründungen Punkte vergeben werden.

- Wenn Sie die Gewinnauswirkungen darstellen müssen, achten Sie auf eine gleichbleibende Art der Darstellung. Springen Sie nicht hin und her.

- Es existieren zwei Darstellungsformen. Ist in der Aufgabenstellung keine Form gewünscht, können Sie wählen zwischen:

  - Erfolgspostenmethode

    Sie stellen die Auswirkungen innerhalb der Gewinn- und Verlustrechnung dar:

    Ertrags- und Aufwandskonten (Erträge Auflösung von Rückstellungen, Zinsaufwand etc.)

  - Bilanzpostenmethode

    Sie stellen die Gewinnauswirkungen anhand der Änderungen in den Bilanzpositionen dar:

    Die Bilanzpositionen in Summe bilden ja das Betriebsvermögen ab und Sie stellen die Gewinnveränderungen über die Änderungen des Betriebsvermögens dar. Hierzu die Übersicht 7.

Übersicht 7: Bilanzpostenmethode

Auswirkung der Änderung der Bilanzposten auf die Gewinnauswirkungen

Bilanzposition	**Veränderung**	**Gewinnauswirkung**
Aktivposten	↑	↑
Aktivposten	↓	↓
Passivposten	↑	↓
Passivposten	↓	↑
Entnahmen	↑	↑
Entnahmen	↓	↓
Einlagen	↑	↓
Einlagen	↓	↑

III. Methoden

Lektion 13: Zeitmanagement und Motivation

Zeitmanagement

Wie bereiten Sie sich am besten auf eine Prüfung vor? Dieser Abschnitt möchte Ihnen einen Weg für eine zeitstrukturierte Lernphase (Zeitmanagement) aufzeigen:

- Was benötigen Sie für eine optimale Vorbereitung?
- Worauf sollten Sie achten?

Setzen Sie sich **Lernziele!** Ihr **Hauptziel** ist es, die Klausur/die Klausuren zu bestehen.

Doch bis dahin ist es ein weiter Weg. Es ist ein sehr abstraktes Ziel.

Es ist also notwendig, dieses Ziel zu untergliedern:

- Unterteilen Sie also dieses Ziel in viele **kleine Lernziele**, in Lernetappen.
- Belohnen Sie sich nach Erreichen der einzelnen Etappen.
- Formulieren Sie im Vorfeld nicht nur Ihre Lernziele, sondern auch Ihre Belohnungen.

Nehmen wir zum Beispiel an, Sie bereiten sich auf die Steuerberaterprüfung vor. Es ist Sommer, der August ist angebrochen und mit Schrecken bemerken Sie:

Nur noch zehn Wochen bis zur Steuerberaterprüfung!

Schritt 1: Überprüfen Sie Ihren Wissenstand

Suchen Sie Ihre Wissenslücken.

Es wird Ihnen nicht gelingen, das gesamte deutsche Steuerrecht zu verstehen.

Nehmen Sie sich die Zeit, einen Zettel und einen Stift und schreiben Sie auf:

- Schreiben Sie auf, was Sie besonders gut können.
- Schreiben Sie auf, was Sie nicht können.
- Schreiben Sie auf, was Sie etwas können.

Sie wissen sehr viel! Schreiben Sie es auf!

Verteilen Sie persönliche Punkte.

Für alles was Sie sehr gut können,	einen Punkt,
Für alles was Sie etwas können,	drei Punkte,
Für alles was Sie gar nicht können,	zwei Punkte.

Sie werden sich wahrscheinlich fragen, warum das **Halbwissen** am höchsten gewichtet wird?

Wenn Sie sehr gut Bescheid wissen, ist der Zwang zu wiederholen nicht sehr groß. Verstecken Sie sich nicht hinter dem, was Sie wissen.

Sie müssen, um erfolgreich die Klausuren zu bestehen, aus Ihrer Kuschelecke raus.

Wenn Sie von etwas noch gar keine oder sehr wenig Ahnung haben, und Sie stürzen sich als Erstes auf dieses Thema, besteht die Gefahr, zu frustrieren.

Das Thema ist zäh.

Sie vergeuden zu viel Zeit.

Es könnte ja sein, dass bestimmte Grundlagen noch nicht fest sitzen und Sie gar nicht wissen, womit Sie beim Lernen anfangen sollen.

Das Halbwissen ist das Wissen, das verfestigt werden muss.

Es ist höchstwahrscheinlich auch der Bereich, der bei Ihrer eigenen Aufstellung am häufigsten angekreuzt wird.

Bringen Sie Ihr Halbwissen in den Bereich des sicheren Wissens und der Bereich des „Nichtwissens" rutscht in Richtung Halbwissen nach.

Schritt 2: Zeitmanagement-Lernplan

Wie wahrscheinlich ist es, dass die von Ihnen notierten Themen geprüft werden?

Vergeben Sie wieder Punkte.

Es ist höchstwahrscheinlich:	5 Punkte
Es ist sehr wahrscheinlich:	4 Punkte
Es ist wahrscheinlich:	3 Punkte
Es ist eher unwahrscheinlich:	2 Punkte
Es ist unwahrscheinlich:	1 Punkt

Fragen Sie Ihre Kommilitonen, fragen Sie die Dozenten, schauen Sie sich die Prüfungsschwerpunkte vergangener Jahre an (teilweise bei den einzelnen Klausuren im Buch dargestellt), fragen Sie Ihren Bauch.

Nun multiplizieren Sie die Wahrscheinlichkeiten mit Ihrem Wissensstand.

Wissenstand × Wahrscheinlichkeit = Lernprodukt

Für eine Klausur im Ertragsteuerrecht könnte die Überlegung (gekürzt und vereinfacht) so aussehen:

Sachverhalt	Wissenstand	Wahrscheinlichkeit	Lernprodukt
Einkommensteuer			
– § 6b EStG	3	3	9
– § 6 Abs. 3 EStG	2	1	2
– ausländische Einkünfte	1	4	4
– Kinder	3	3	9
– Liebhaberei	2	1	2
Körperschaftsteuer			
– Organschaft	2	3	6
– verdeckte Gewinnausschüttung	3	5	15
– verdeckte Einlagen	3	3	9
– Pensionsrückstellungen	1	4	4
– Verschmelzung	1	2	2
Gewerbesteuer			
– Zerlegung	3	2	6
– Ausscheiden von Gesellschaftern	1	1	1
– Verlustvortrag	3	1	3
– Beteiligungseinkünfte	2	3	6

Jetzt haben Sie den zweiten Schritt für Ihr persönliches Zeitmanagement gesetzt.

In unserem Beispiel, bei der Steuerberaterprüfung, haben Sie zweifelsohne drei Klausurtage.

Sie können in unserem Beispiel also für jeden intensiven Klausurtag drei Wochen einplanen.

Grundsätze der Vorbereitung

- Verplanen Sie nur 80 Prozent Ihrer Zeit.

Während des Lernens werden Sie auf weitere Sachverhalte stoßen, deren Bearbeitung Sie nicht bedacht haben. Auch dafür sollte die Zeit vorhanden sein.

- Belohnen Sie sich spätestens am Ende einer Lernwoche.

Kino, schön essen gehen, einen halben Tag Rad fahren, was Sie möchten.

Sie entscheiden.

- Schreiben Sie Klausuren!
- Schreiben Sie Ihren Lernplan auf.
- Hängen Sie sich den Lernplan gut sichtbar auf.

Beispiel (fortzuführen)

Zeit	Lerninhalt	Zeitrahmen	Belohnung
Tag 1 (ESt)	§ 6b EStG	5 Stunden	
	Kinder	3 Stunden	
Tag 2 (ESt)	Kinder	1 Stunde	

	Ausländische Einkünfte	3 Stunden	
	Liebhaberei	2 Stunden	
	§ 6 Abs. 3 EStG	2 Stunden	
Tag 3 (KSt)	Verdeckte Gewinnausschüttung	8 Stunden	
Tag 4 (KSt)	Verdeckte Gewinnausschüttung	4 Stunden	
	Verdeckte Einlagen	4 Stunden	
Tag 5 (KSt)	Verdeckte Einlagen	2 Stunden	
	Verschmelzung	2 Stunden	
	Pensionsrückstellungen	2 Stunden	
	Organschaft	2 Stunden	
Tag 6 (GewSt)	Zerlegung	4 Stunden	
	Beteiligungseinkünfte	4 Stunden	
Tag 7 (GewSt)	Verlustvortrag	3 Stunden	
	Ausscheiden von Gesellschaftern	1 Stunde	
			Kinobesuch

Wichtig: *Egal wie lange Sie Zeit haben und sich auf die Prüfung vorbereiten, planen Sie für die letzten Tage nichts ein.*

In dem Beispiel sollten Sie die letzte Woche verwenden, um noch einmal die Skripte quer zu lesen, Fälle zu lösen, Übungsklausuren zu schreiben, zu entspannen etc.

Motivation

Sie wollen diese Klausur bestehen.

Sie wollen diese Klausuren bestehen!

Doch ... wollen Sie das wirklich?

Das ist eine mehr rhetorische Frage.

Natürlich wollen Sie bestehen, ansonsten hätten Sie sich z.B. nicht dieses Buch gekauft.

Spätestens bevor Sie in die **heiße Lernphase** einsteigen, sollten Sie sich noch einmal eine Viertelstunde Zeit nehmen.

Fragen Sie sich nach Ihrer **Motivation**. Niemand möchte jetzt in seelische Tiefen eindringen.

Aber für einen optimalen Lernerfolg ist es unerlässlich, seinen Antrieb zu ergründen.

Finden Sie den Kern, Ihre Triebfeder.

Was treibt Sie an?

Warum wollen Sie diese Prüfung bestehen?

Ist es die einzig wahre Prüfung (Steuerberater)?

Ist es ein Schritt von vielen (Student)?

Ist es das Ende Ihrer Ausbildung, der Beginn der Berufskarriere?

Was machen Sie danach?

Was **WOLLEN SIE** danach machen?

Beispiel: *Die Motivation meines besten Freundes*

Seine Motivation war die Selbständigkeit. Er hatte den Luxus, seine Motivation sehr früh zu erkennen. Er wusste bereits während seiner Ausbildung zum Steuerfachangestellten, dass er diese schwierige Steuerberaterprüfung bestehen möchte, dass er sich später als Steuerberater selbständig machen wollte.

Sobald es ihm möglich war, hat er sich auf die Steuerfachwirtprüfung vorbereitet. Weil es so „schön" war, hat er ein Jahr später die Bilanzbuchhalterprüfung absolviert und als krönenden Abschluss sich – „im Sommer seines Lebens" – durch die Vorbereitung und das Steuerberaterexamen gequält und diese erfolgreich abgeschlossen.

Er sah sich immer in der eigenen Kanzlei. Das war sein persönlicher Antrieb.

Stellen Sie sich vor, was Sie nach der bestandenen Prüfung machen werden.

Nehmen Sie sich ab heute jeden Tag fünf bis zehn Minuten Zeit und malen sich die Zeit nach der Prüfung in den schönsten Farben aus.

Haben Sie den Mut zum Träumen.

Nach bestandener Prüfung fahren Sie in den Urlaub?

Nur zu.

Stellen Sie sich Ihr „Buschabenteuer" in den schönsten Farben vor.

Das ist Ihre Belohnung für die bestandene Prüfung.

Sie leisten sich etwas Schönes? Es kann in Ihren Gedanken gar nicht teuer genug sein.

Sie sind ein visueller Typ? Suchen Sie sich entsprechende Bilder, schneiden Sie sie aus, drucken Sie sie aus und kleben sie in Ihr „Traumtagebuch".

Sie sind ein Fan des geschriebenen Wortes?

Schreiben Sie Ihre Erwartungen auf. Schreiben Sie Ihre Phantasien auf.

Sie lieben Kino für den Kopf?

Drehen Sie Ihren eigenen Film mit Ihnen in der Hauptrolle. Schauen Sie sich selbst über die Schulter und genießen Sie bereits im Vorfeld Ihren Erfolg!

Wenn Sie sich intensiv mit der Zeit danach auseinandersetzen und die positiven Seiten immer wieder heraufbeschwören, „programmieren" Sie Ihr Gehirn auf Erfolg. Ihr Unterbewusstsein hilft Ihnen, Ihre Ziele zu erreichen. Ihr Unterbewusstsein wird es Ihnen danken!

Hüten Sie sich vor dem Vielleicht!

Es gibt kein Vielleicht und kein nächstes Mal. Verstecken Sie sich nicht hinter den Gedanken „wenn es nicht klappt, dann eventuell im nächsten Jahr ..."

N E I N!

Gehen Sie raus aus der Kuschelecke. Für solch einen Scheinairbag ist diese Lernphase viel zu anstrengend!

Sie wollen die Prüfung sofort bestehen und nicht Jahr für Jahr über den Büchern hängen und den Anderen wehmütig hinterher schauen, die zum See, zum Grillen etc. fahren.

Eigenes Erlebnis:

Ich kannte mal jemanden, der aus der Steuerberaterprüfung herauskam und sagte „so schwer war es doch gar nicht ...„ als er sein Ergebnis erhielt, kommentierte er es mit: ... dafür, dass er nichts gemacht habe, ist ein Ergebnis von 5,0 doch gar nicht so schlecht ...

5,0 gar nicht so schlecht? 5,0 ist durchgefallen! Hopp oder Top. Er versuchte sich selbst zu trösten. Der Sommer war futsch.

Der nächste Sommer übrigens auch. Auch diese Prüfung bestand er nicht.

Wenn Sie die Prüfung wirklich bestehen wollen, suchen Sie nicht im Vorfeld nach Ausreden über ein eventuelles Nicht-Bestehen. Diese sollte es nicht geben. Stellen Sie sich stattdessen die **erfolgreich bestandene Prüfung** mit all den folgenden Verbesserungen vor.

Doch was ist zu tun bei **Demotivation**? Wie lässt sich diese beseitigen? Demotivation entsteht dadurch, dass ein Ziel nicht mit den **eigenen Antrieb** und Wünschen übereinstimmt. Sie steuern zwar das Ziel an (Prüfung) wissen aber eigentlich gar nicht richtig wofür. Es kommen die ersten Misserfolge in der Vorbereitung hinzu und die Demotivation beginnt zu wachsen. Die Vorbereitung, das Lernen wird zur Qual.

Es ist also existenziell wichtig die eigenen Bedürfnisse zu erkennen und das Lernziel danach auszurichten. Was ist darunter zu verstehen?

Gemäß **Stephen Reiss,** einen amerikanischen Psychologen, bestimmen 16 fundamentale Bedürfnisse und Werte unser Leben:

- Macht
- Beziehungen
- Unabhängigkeit
- Familie
- Neugier
- Status
- Anerkennung
- Rache
- Ordnung
- Eros
- Sparen
- Essen
- Ehre
- Körperliche Aktivität
- Idealismus
- Ruhe

Darauf aufbauend hat er das sogenannte Reissprofil entwickelt. Jeder Mensch besitzt diese Bedürfnisse, jedoch in unterschiedlicher Ausprägung. Es sind jedoch immer bestimmte Werte dominant gegenüber den anderen. Das ist Ihre **individuelle Ausprägung**.

Können Sie sich nicht richtig motivieren bzw. sind Sie bereits demotiviert, müssen Sie versuchen, das Lernziel nach Ihren inneren Werten auszurichten.

Nehmen wir zum Beispiel an, Ehre ist für Sie ein fundamentaler Wert. Dann ist sicherlich eine Antriebsmöglichkeit es den anderen zu zeigen, diese schwierige Prüfungen, bei denen Massen für Massen durchfallen, sofort im ersten Anlauf bestehen. „Bei ihrer Ehre!"

Sie streben nach Unabhängigkeit? Das der Hauptantrieb von vielen. Vergessen Sie das bestehende Korsett aus Vorbereitung und beruflichen Verpflichtungen und sehen Sie die bestandene Prüfung als Fahrkarte zur Unabhängigkeit.

Leitsatz 6

Motivation

Demotivation lässt sich beseitigen, wenn die inneren Werte mit dem Lernziel übereinstimmen. Deshalb ist es unerlässlich seine Bedürfnisse und Werte zu erkennen und das Lernziel entsprechend auszurichten. Stimmen Ziele und Bedürfnisse überein ist man automatisch **motiviert**!

Lektion 14: Lernen nach Lerntypen

Lerntypen

So, wie es nicht nur einen Menschentypus gibt, existiert auch nicht nur ein Lerntyp.

Die nachfolgenden Ausführungen beschäftigen sich mit dem interessanten Komplex der Lerntypen und den daraus abgeleiteten Lernstrategien, speziell abgestimmt auf die anstehenden Steuerrechtsklausuren.

Es lassen sich vier Lerntypen darstellen. Natürlich besitzt jeder von uns nur eine stärkere Ausprägung in die eine oder andere Richtung und ist nicht nur ein Lerntyp. Doch wo liegen die Eigenheiten?

Schritt 1

Versuchen Sie herauszufinden, zu welchem Lerntyp Sie gehören!

a) Sie lesen gern und können das Gelesene gut rezipieren.

Sie schreiben sich immer viel auf.

In der Schule wurden Sie für Ihre umfangreichen Mitschriften bewundert.

Sie merken sich Bilder und Skizzen gut und haben ein fast ein fotografisches Gedächtnis.

Wollen Sie etwas Schwieriges erklären, hilft dabei auch schon einmal eine Skizze.

Willkommen im Club der visuell Lernenden.

▶ Der visuelle Lerntyp

Wie der Name schon sagt, lernt dieser am liebsten über das Sehen. Informationen werden vorwiegend über die Augen aufgenommen und abgespeichert. Visuell Lernenden helfen Grafiken und Bilder zum Erfassen des Inhalts. Eigene Zeichnungen helfen oft das Wissen zu vertiefen.

b) Sie summen viele Melodien nach.

Sie sind der Meinung: Alleine lernen und Selbstgespräche führen, gehören untrennbar zusammen.

Hörbücher sind Kino für den Kopf.

Gesprochenen Ausführungen können Sie sehr gut folgen.

Sie sind ein **auditiver Lerntyp**. Sie lernen **über das Hören.**

▶ Der auditive Lerntyp

Der auditive Lerntyp lernt über die Ohren. Er muss etwas hören, um es sich besser einprägen zu können. Oft führt ein auditiver Lerntyp Selbstgespräche beim Lernen. Er erklärt sich selbst den Lernstoff.

c) Beim Lernen sind Sie ständig in Bewegung?

Für eine Sachverhaltsdarstellung greifen Sie auch gerne mal zu Gegenständen?

Die Aufbauanleitungen für IKEA-Möbel waren für Sie bereits als Siebenjähriger keine Hürde?

Sie sind der Inbegriff des **motorischen Lerntyps**.

▶ Der motorische Lerntyp

Dieser lernt am liebsten „Learning by doing“. Um etwas zu verstehen, muss er es **nachvollziehend ausprobieren**. Er muss beschäftigt sein.

d) In der Schule hatten Sie immer noch eine allerletzte Frage?

Bei Diskussionen kann Ihnen keiner das Wasser reichen?

Gruppen- und Rollenspiele haben eigentlich Sie erfunden?

Bei Ihnen ist Reden Gold?

Sie gehören zu den kommunikativen Lerntypen.

▶ Der kommunikative Lerntyp

Er lernt über das Gespräch mit anderen. Die Diskussion ist seine Wissensvertiefung. Der Dialog ist seine favorisierte Unterrichts- und Lernform.

Schritt 2

Haben Sie sich erkannt?

Wie kann sich nun der jeweilige Lerntyp optimal auf die Steuerrechtsklausuren vorbereiten?

▶ Der visuelle Typ

Papier, Papier, Papier. Lesen Sie Ihre Skripte, lesen Sie am Bildschirm. Bei Vorträgen, im Unterricht schreiben Sie immer mit, Stichpunkte reichen. Arbeiten Sie mit Lernkarten, Frage auf der Vorderseite, Antwort auf der Rückseite. Verwenden Sie dafür Karten in der Mindestgröße A6, damit kein Platzmangel herrscht. Versuchen Sie anhand von Skizzen bestimmte Fragestellungen nachzuvollziehen (z.B. Betriebsaufspaltung, Organschaft). Auch das Lernen am Computer klappt wunderbar. Lernen Sie, soweit es geht, über Onlineseminare und Präsentationen. Ebenfalls hilfreich sind eigene thematische Mindmaps. (dazu vertiefend mehr bei den Lerntechniken).

▶ Der auditive Lerntyp

Sprechen Sie den Lernstoff auf eine Kassette, auf Ihren MP3-Player, und hören Sie sich diesen bei jeder Gelegenheit an. Gehen Sie in Lerngruppen. Durch das Lernen miteinander, und die daraus resultierenden Gespräche, verfestigt sich der Stoff. Versuchen Sie das Gelernte mit eigenen Worten wiederzugeben. Trainieren Sie bereits den zweiten Ernstfall. Tun Sie so, als hätten Sie den ersten Ernstfall – die schriftliche Prüfung – bereits bestanden und halten Vorträge wie zum Beispiel für die mündliche Steuerberaterprüfung gefordert.

Wenn Sie alleine lernen wollen/müssen, dann an einem ruhigen Lernplatz.

Musik etc. lenkt sie nur ab.

▶ Der motorische Typ

Nutzen Sie den Bewegungsdrang und lernen Sie in Bewegung. Bewegen Sie sich beim Einprägen des Stoffes im Zimmer umher. Nehmen Sie Ihr Buch und machen Sie einen Spaziergang. Arbeiten Sie ebenfalls mit Karteikarten, die Sie immer wieder in die Hand nehmen können. Wenn Sie einen Steuerfall durcharbeiten, versuchen Sie doch diesen in die Formulare zu übertragen (soweit möglich) und so zu lösen, bzw. die Lösung nachzuvollziehen.

Können Sie sich nicht bewegen, z.B. im Unterricht, dann kauen Sie zumindest Kaugummi.

▶ Der kommunikative Typ

Sind Sie ein solcher Lerntyp, dann ist eine Lerngruppe das A und O für Ihre Vorbereitung. Erklären Sie Ihren „Leidensgenossen", was Sie verstanden bzw. nicht verstanden haben. Lassen Sie sich von Ihnen Inhalte erklären. Spielen Sie den Lernstoff durch mit einem Frage-Antwort-Spiel, vielleicht dabei noch einen Ball zuwerfen. Nutzen Sie jede Form des (fachlichen) Gesprächs, um Ihren Wissensstand zu vertiefen.

Die Menschen sind natürlich nicht so strukturiert, dass sie nur zu einem Lerntyp gehören, aber zumindest existiert eine Ausprägung.

Lerntipp: *Haben Sie das Gefühl, vor einer* Lernblockade *zu stehen, dann versuchen Sie eine Zeitlang ihre* Lernstrategie *zu wechseln. Das Gehirn giert nach Ablenkung und verschiedenen Eindrücken. Warum also nicht das Buch nehmen und, anstatt leise zu lesen, das Gelesene laut auf den MP3-Player aufnehmen und dann an die frische Luft gehen, um das eben Gesprochene bei einem Spaziergang noch einmal anzuhören? Es ist ein ungeschriebenes Gesetz, das sich der Stoff besser einprägt, wenn er von verschiedenen Seiten beleuchtet wird. Wechseln Sie also ruhig Ihre Lernstrategien, wenn Sie das Gefühl haben „nichts geht mehr".*

Lektion 15: Lernmethoden (5 Steps, Eselsbrücken etc.)

Das Lernen in fünf Schritten (5-Steps-Technik)

In der gängigen Literatur zum Thema Lerntechniken findet sich auch die PQRST-Methode wieder (z.B. „Lesetechniken optimieren" compact Verlag) Was ist unter dieser Worthülse zu verstehen?

Die 5-Schritte-Methode (5 Steps) ist eine Lerntechnik, um sich Texte so einzuprägen, dass diese jederzeit aus dem Gedächtnis wieder abgerufen werden können.

Schritt 1 (Preview)

Der erste Schritt dient dem Warmwerden.

Um was für einen Text handelt es sich?

Lesen Sie quer, den Klappentext, das Inhaltsverzeichnis.

So verschaffen Sie sich einen ersten Überblick über den kommenden Stoff.

Schritt 2 (Question)

Sie haben sich einen ersten Überblick verschafft.

Als Nächstes kommen die bekannten Fragen aus der Sesamstraße in der Steuerfassung ins Spiel.

Wer? Wie? Wo? Was? Wann? Warum?

Behalten Sie diese Fragen beim Lesen im Hinterkopf und versuchen Sie diese nach dem Text zu beantworten.

Gerade auch bei den Klausurfragestellungen in der Abgabenordnung, im Ertragsteuerrecht oder in der Erbschaftsteuerklausur bietet sich für das erste Resümee diese Fragestellung an.

Stellen Sie sich zum Beispiel eine Übertragung von Vermögen vor.

Wer (Steuerpflichtiger) hat wie (Art der Übertragung, z.B. entgeltlich unentgeltlich), wo (ist es überhaupt für das deutsche Steuerrecht relevant?) Was (wurde übertragen begünstigtes, unbegünstigtes Vermögen), Wann (wann entstand die Steuer), warum (durch Tod oder „freiwillig") übertragen?

Gehen Sie diese Punkte bei der Beantwortung durch und schreiben Sie in der Einleitung oder später etwas dazu, sind Ihnen zumindest die Fußgängerpunkte (siehe 2. Lektion) sicher.

Schritt 3 (Read)

Haben Sie die Fragen verinnerlicht, beginnen Sie den Text zu lesen.

Sie dürfen ihn nicht überfliegen!

Diesmal lesen Sie den Text genau. Satz für Satz.

Halten Sie inne bei Hauptgedanken. Gehen Sie die Argumentation im Inneren durch.

Überlegen Sie sich die Argumentation des Verfassers (des Gerichtes).

Was spricht dafür?

Was spricht dagegen?

Sinn dieses dritten Schrittes ist es, den Text aktiv anzugehen und nicht nur passiv aufzusaugen.

Schritt 4 (Self Recitation)

Fertig mit Lesen? Was haben Sie gelesen? Erzählen Sie den Text mit eigenen Worten; geht es nicht laut, halten Sie ein inneres Zwiegespräch.

Besser ist es natürlich, jemand anderem den Inhalt wiederzugeben. So erhalten Sie gleich ein Feedback.

Schritt 5 (Test)

Prüfen Sie Ihren Vortrag. Gehen Sie die Überschriften die Zusammenfassungen noch einmal durch. Haben Sie alles in Ihrem Vortrag berücksichtigt?

Nein?

Lesen Sie noch einmal die entsprechenden Passagen, um diese Lücke zu schließen.

Leitsatz 7

5-Steps-Methode

Bei der 5-Steps-Methode handelt es sich um eine **Lerntechnik**, die ähnlich dem analytischen Lesen einen aktiven Umgang mit dem Text erwartet.

Eselsbrücken

Wer kennt Sie nicht? Sie sind uralte Lernhilfen.

Eselsbrücken sind im Allgemeinen Merksätze und helfen trockene Inhalte besser zu behalten. Geschichten und Erlebnisse können wir uns, Dank unserem episodischen Gedächtnis, besonders leicht merken. Mit Eselsbrücken können wir uns also Daten und Fakten merken, die wir sonst nur schwierig im Kopf behalten würden.

Ein Beispiel einer Eselsbrücke wäre die Merkhilfe zu unseren acht anerkannten Planeten des Sonnensystems:

Merkur, Venus, Erde, Mars, Jupiter, Saturn, Uranus und Neptun.

Eine bekannte Eselsbrücke dafür lautet: Mein Vater erklärt mir jeden Sonntag unseren Nachthimmel.

Das M in „mein“ steht für Merkur, das V in „Vater“ für Venus usw.

Bedingungen für eine Eselsbrücke:

1. Aus der Brücke sollte sich direkt der Sachverhalt ableiten lassen.

2. Die Eselsbrücke sollte möglichst rhythmisch klingen, gerne in Reimform („Wer nämlich mit h schreibt, ist dämlich“).

3. Aber auch, je aberwitziger die Eselsbrücke, umso besser bleibt Sie haften!

Ich habe in diesem Buch im eigentlichen Klausurbereich einige Eselsbrücken als Vorschläge eingebaut, die Ihnen beim Behalten des Lernstoffes bzw. des Prüfschemas helfen sollen. Dabei handelt es sich natürlich nur um Anregungen.

Die Eselsbrücken sind sinnvoll, wenn wirklich Schemata zu lernen sind.

Was für Merkhilfen existieren noch?

Die Technik der Assoziationsketten

Sie müssen für das Examen zum Beispiel die Definition des Gewerbebetriebes lernen (§ 15 EStG).

Wir wissen, die Tatbestandsmerkmale sind:

- selbständig
- nachhaltig
- mit Gewinnerzielungsabsicht
- Beteiligung am wirtschaftlichen Verkehr
- und als Negativabgrenzung: keine Vermögensverwaltung, Land- und Forstwirtschaft, freiberufliche Tätigkeit.

Das ist alles sehr abstrakt.

Verbinden Sie jetzt diese Begriffe mit Bildern, je skurriler desto besser; zum Beispiel:

Selbständig	→ Ein Baby, das aus dem Kinderwagen heraus Eis verkauft;
Nachhaltig	→ ein großer Berg in dem vom Gipfel hinab gegraben wird;
Gewinnerzielungsabsicht	→ nehmen Sie den Inbegriff der Gewinnerzielungsabsicht: Dagobert Duck;
Wirtschaftlicher Verkehr	→ stellen Sie sich einen Kreisverkehr vor, mit 20 oder noch mehr Straßen, die auf diesen treffen und Sie müssen einmal rumlaufen;
Negativabgrenzung	→ Ein Glücksrad mit drei verschiedenen Segmenten, ein Bauer, ein Arzt und ein Banker, und das Rad dreht und dreht sich ...

Haben Sie die Bilder verinnerlicht?

Nun wird eine Assoziationskette gebildet.

Grundsatz hierbei: Eine Assoziation baut auf die nächste auf.

1. Ein Baby in einem alten plüschigen Kinderwagen mit Holzreifen verkauft giftgrüne Eiskugeln.
2. Eine Eiskugel sieht wie ein Berggipfel aus, in dem ein Loch nach unten gegraben wurde.
3. Das Eis wird an Dagobert Duck verkauft.
4. Der Kinderwagen steht in der Mitte vom Kreisverkehr auf der Insel. Die Autos rasen vorbei.

5. Das Eis hat keinen festen Preis; stattdessen muss der Kunde das Glücksrad drehen, um seinen Preis zu erhalten.

Leitsatz 8

Assoziationstechnik

Bei der Assoziationstechnik werden **Begriffe bildlich dargestellt** und diese „Bilder" werden in einem Vorgang aufeinander aufbauend verknüpft.

Geschichtentechnik

Diese Assoziationen Technik kann auch als Geschichtentechnik helfen, sich Begriffe einzuprägen. Letztendlich ist das oben Geschilderte bereits eine kleine Geschichte.

Noch besser ist es, wenn zum Beispiel Sie in der Geschichte die Hauptrolle spielen.

Sie kaufen das Eis. Das ist jedoch ziemlich mühsam, steht doch dieser Kinderwagen auf einem riesigen Berg. Hinter Ihnen in der Schlange steht Dagobert Duck und als Sie Ihr Wechselgeld wegpacken möchten, schnappt er sich Ihr Portemonnaie und rennt watschelnd los. Sie sprinten natürlich hinterher und wirklich packen Sie ihn kurz vor dem Kreisverkehr und zur Strafe für den Unsinn hängen Sie ihn an ein bereitstehendes Glücksrad. Zufälligerweise verdeckt er den Banker und das Rad dreht sich und dreht sich und Dagobert schimpft ...

Leitsatz 9

Geschichtentechnik

In der Geschichtentechnik, werden die **Bilder** für eine kleine Geschichte verwendet, die Sie sich selbst ausdenken. Achten Sie dabei darauf, dass Sie eine **tragende Rolle** in der Geschichte spielen.

Die Wanderung

Unter dem Begriff „Loci-Technik“ ist eine andere Merkhilfe bekannt. Sie verknüpfen die Bilder/Begriffe, die Sie lernen müssen mit einem Ort, den Sie sehr gut kennen. Nehmen wir zum Beispiel an Sie haben ein Haus. Sie gehen in Gedanken den Weg nach oben ins Schlafzimmer. Das ist ein Ihnen sehr bekannter Weg. Nun verknüpfen Sie die Bilder mit markanten Wegpunkten.

Beispiel:

- Sie schließen die Haustür auf, müssen aber erst einen Kinderwagen mit Baby beiseite schieben.
- Sie gehen die Treppe hinauf und diese nimmt und nimmt kein Ende.
- Oben am Gipfel angekommen verschnaufen Sie und schauen hinunter.
- Wie immer schauen Sie dann zuerst im Kinderzimmer vorbei und stolpern über dieses Entenplüschtier.
- Sie können sich gerade noch festhalten bevor Sie auf die aufgebaute Holzeisenbahn mit dem riesigen Verkehrsknotenpunkt fallen.
- Endgültig die Nase voll, stehen sie vor Ihrem Schlafzimmer doch anstatt die Klinke niederzudrücken müssen Sie ein kleines Rädchen drehen.

Lerntipp: *Wandern Sie eine bekannte Strecke innerlich ab und an bekannten Stellen platzieren Sie Ihre Begriffe. Bei der nächsten Gedankenwanderung, „sammeln“ Sie die Begriffe wieder ein.*

Leitsatz 10

!

Loci-Technik

Bei der Loci-Technik verknüpfen Sie die zu merkenden Begriffe mit einem **gedanklichen Spaziergang**.

Das hilft zum Beispiel sehr, wenn es auch auf die Reihenfolge der zu merkenden Begriffe ankommt. Ist Ihnen ein Begriff entfallen, können Sie gedanklich einfach noch einmal zurückgehen.

Mindmapping

Beim Mindmapping handelt es sich um eine Kreativitätstechnik, zum Strukturieren von Gedanken. Den Begriff Mindmap prägte ein alter Bekannter, der amerikanische Psychologe Tony Buzan. Er machte sich dabei das Wissen über das Gehirn und die zwei Gehirnhälften zunutze. Die linke und die rechte Gehirnhälfte sind verschieden ausgeprägt und für verschiedene Aufgaben zuständig. Während in der rechten Gehirnhälfte das Kreativitätszentrum sitzt, ist die linke Hälfte für das Rationale und Überlegte zuständig. Beim Mindmapping sollen beide Gehirnhälften gleichermaßen angesprochen werden. Somit wird auch ein besserer Lerneffekt und Behaltens-Effekt erzielt.

Beim Mindmapping wird ein Oberbegriff auf ein Blatt Papier aufgeschrieben, und um den Begriff werden assoziierte Begriffe bzw. Bilder gesetzt. Wünschenswert ist eine Baumstruktur.

Beachten Sie dabei folgende Regeln:

- Nehmen Sie immer ein weißes Blatt Papier, mindestens Größe A4.
- Zur besseren Bearbeitung legen Sie es quer.
- Setzen Sie den Oberbegriff in die Mitte des Blattes.
- Lassen Sie das Mindmap wie ein Baum wachsen (nach außen verjüngen).
- Zeichnen Sie vom Oberbegriff zum Unterbegriff Linien.
- Arbeiten Sie möglichst mit Bildern. Diese prägen sich besser ein.
- Verwenden Sie mindestens drei Farben.
- Haben Sie keine Zensur im Kopf.

Hier ein kleines Beispiel, wie Sie mit einem Mindmap starten können.

Übersicht 8: Beispiel Mindmap (Verlustberücksichtigung Gewerbesteuer)

Abbildung 1

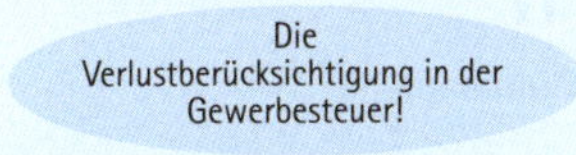

Abbildung 2

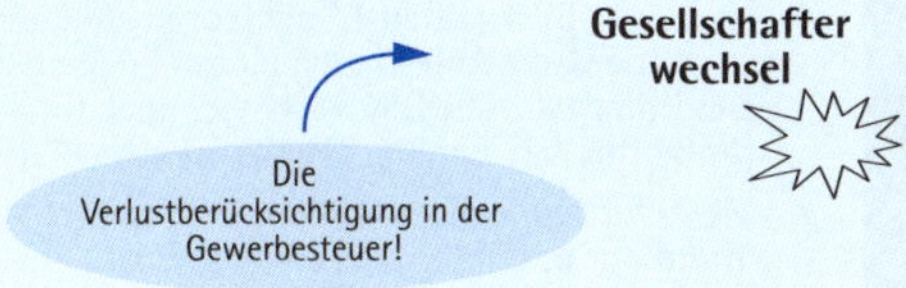

Abbildung 3

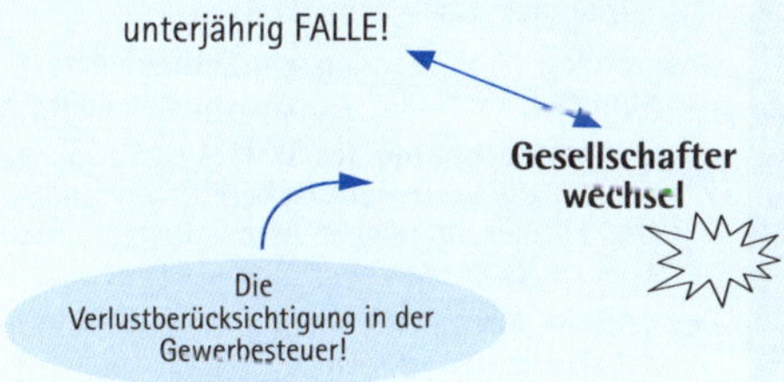

Abbildung 4

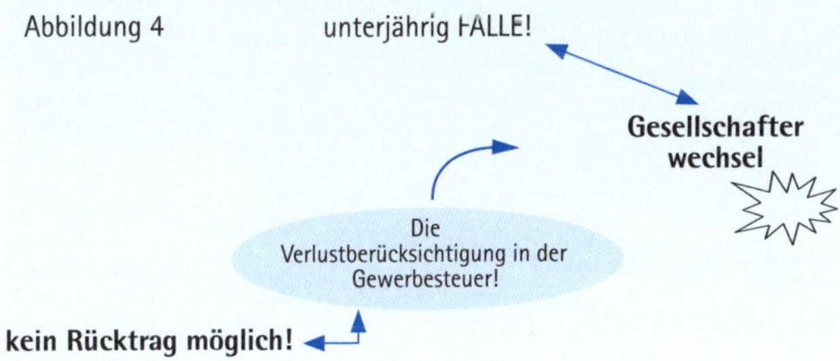

Das soll jetzt nur ein Beispiel sein, wie sich ein Mindmap entwickeln kann. Vom Oberbegriff ausgehend, wandern Sie mit Ihren Gedanken, besonders Wichtiges können Sie symbolhaft markieren (wie z.B. Gesellschafterwechsel und der damit verbunden Wegfall des Verlustes).

Leitsatz 11

!

Vorteile des Mindmapping

- Das **Hauptthema ist zentral** angeordnet und wird schnell erfasst. Die graphische Darstellung unterstützt beim Denken.
- Ein kurzer Blick auf die Mindmaps genügt, um zu wissen, worum es geht. Für die Anfertigung eines Mindmap genügt ein Blatt Papier (Mindestgröße DIN A4, besser noch für die Übersichtlichkeit: Größe DIN A3). Ein Blatt Papier ist schnell gefunden.
- Die Anfertigung eines Mindmap **offenbart Wissenslücken**. Aufgrund der graphischen Darstellung ist sehr leicht zu erkennen, welche Gedanken tiefergehend entwickelt sind und welche bisher nur an der „Oberfläche" kratzen.
- Durch die Verwendung von **Schlagwörtern** auf engstem Raum können Sie sich auf das Wesentliche konzentrieren.
- Zur **Wiederholung des Stoffes** eignet sich diese Technik hervorragend. Die Systematik ist bereits verstanden. Zur Rekonstruktion und Erinnerung reichen Assoziationen hervorrufende Hauptwörter bzw. Bilder aus.
- Jede Mindmap ist einmalig. Dadurch können Sie sich an ihren Inhalt leichter erinnern.

Lektion 16: Lesetechniken

Schnelllesetechniken (Speedreading)

Der Begriff des Speedreadings wurde von dem amerikanischen Psychologen Tony Buzan bereits in den 70er Jahren des vergangenen Jahrhunderts geprägt. Die Techniken dazu wurden allerdings bereits einige Jahrzehnte vorher entwickelt.

Beim Speedreading geht es im Wesentlichen darum, Texte schneller zu erfassen. Das Ziel liegt also in der Zeitersparnis. Gerade im Hinblick auf eine komplexe Prüfung, wie es die Steuerrechtklausur zweifelsohne ist, müssen Sie sehr viel Text lesen und erfassen. Das Schnelllesen soll sie bei einer effizienten Vorbereitung unterstützen, einfach, weil Sie durch ein schnelleres Lesetempo mehr Zeit zur Verfügung haben werden.

Diese Lektion soll Sie mit **Schnelllesetechniken** vertraut machen. Dabei sollte man jedoch immer im Hinterkopf behalten, das Schnelllesen nur dann hilft, wenn gleichzeitig das Textverständnis erhöht wird. Das Thema Textverständnis wird nachfolgend ebenfalls behandelt.

Nur wenn beide Fähigkeiten ausgebaut werden, kann es bei einer **effizienten Prüfungsvorbereitung** helfen.

Jeder Mensch hat ein bestimmtes **Lesetempo**. Dieses Tempo wird durch Veranlagung, Leseerfahrung und ähnliches bestimmt.

Wie erfährt man sein Lesetempo?

Übung 1: Das Lesetempo

Nehmen Sie sich einen Text (Buchseite, Zeitungsartikel oder ähnliches). Vom Umfang sollten es nicht mehr als 500 Wörter sein. Wichtig! Diesen Text dürfen Sie noch nicht vorher gelesen haben. Bitten Sie, jemanden diesen Text vorab zu lesen und zehn Verständnisfragen, die sich aus dem Inhalt ergeben, zu formulieren und als Multiple-Choice-Test auszuarbeiten.

Legen Sie sich eine Stoppuhr hin und nun geht es los. Lesen Sie in Ihrem individuellen Lesetempo den Text. Stoppen Sie die Zeit. Nun teilen Sie die Anzahl der Wörter durch die Zeit. Das Ergebnis ist Ihr individuelles Lesetempo. Dieses wird in Wörtern je Minute ausgedrückt.

Beispiel: Der Text hat 350 Wörter und Sie haben dafür 120 Sekunden (2 Minuten) benötigt. Ihr Lesetempo beträgt also 175 Wörter je Minute. Damit befinden Sie sich im guten Durchschnitt:

Langsamleser	ca. 80 – 120 Wörter/Minute
Normalleser	ca. 120 – 240 Wörter/Minute
Schnellleser	ab 240 Wörter/Minute

Das ist jedoch nur die eine Seite der Medaille. Wie ist jedoch Ihr Textverständnis?

Übung 2: Das Textverständnis

Das **Textverständnis** wird in einer Prozentzahl ausgedrückt.

Nachdem Sie den Text gelesen haben (nur einmal!), nehmen Sie sich die vorbereiteten Fragen vor und versuchen diese aus dem Gedächtnis heraus zu beantworten. Die Anzahl der richtig beantworteten Fragen im Verhältnis zu der Anzahl der gestellten Fragen ergibt Ihr Textverständnis.

Beispiel: Von zehn Fragen haben Sie sechs richtig beantwortet. Ihr Textverständnis beträgt 60 %.

Multiplizieren Sie Ihr Textverständnis mit der Anzahl der Wörter ergibt sich somit nur ein **„echtes" Lesetempo** von

175 Wörtern je Minute × 60 % = 105 Wörter je Minute

Beim Speedreading trainieren Sie das blitzschnelle **Erkennen optischer Reize**. Ein optischer Reiz ist zum Beispiel der Text .

Zum Lesen werden die Augen benötigt. Das ist eine elementare Wahrheit, die keiner weiteren Erläuterung bedarf. Dennoch müssen wir uns mit diesem Sinnesorgan beschäftigen, um das Speedreading zu verstehen und zu erlernen.

Basierend aus der historischen Entwicklung des Menschen ist das Auge unbewusst immer in Bewegung. Damit wird das relativ enge Sehfeld des Menschen ausgeglichen. Das Auge irrt umher, um die Umgebung rechts und links aufzunehmen. Beim Lesen entsteht dadurch ein Widerspruch. Das Auge irrt über den Text und soll doch strukturiert Wort für Wort aufnehmen.

Übung 3: Das Führen des Auges

Nehmen Sie sich einen Partner, setzen Sie sich gegenüber und versuchen Sie einen vollständigen Kreis nur mit Ihren Augäpfeln zu drehen. Danach bitten Sie Ihren Partner einen Kreis mit dem Zeigefinger in der Luft zu malen und Sie verfolgen den Kreis mit Ihren Augen. Fragen Sie im Anschluss Ihren Partner nach seinen Beobachtungen.

Resümee: Wenn das Auge eine Führung erhält, ist es für das Auge einfacher, einen Kreis zu „drehen". Diese Beobachtung können Sie sich beim Speedreading zunutze machen.

Lerntipp: *Wenn Sie einen Text schneller lesen möchten, führen Sie den Finger oder eine andere Lesehilfe die Zeilen entlang. Mit einer Lesehilfe wird Ihr Auge gelenkt und irrt nicht über die Zeilen. Die Lesegeschwindigkeit erhöht sich automatisch. Das Auge ermüdet langsamer.*

Übung 4: Das periphere Sehfeld

Nehmen Sie sich ein Buch und fixieren Sie einen Begriff auf einer Seite. Wie viele Wörter können Sie links und rechts neben dem **fixierten Wort** wahrnehmen? Wie viele Wörter über und unter dem Begriff nehmen Sie wahr? Das ist Ihr peripheres Sehfeld, auch **Blickspannweite** genannt. Als geübter Leser können Sie eine Blickspannweite von bis zu 12 cm erreichen.

Messen Sie Ihr Sehfeld nach. Sie werden merken:

Je länger Sie die Übungen zum Schnelllesen anwenden, umso größer wird Ihre Blickspannweite.

Übung 5: Der weiche Blick

Beim Schnelllesen verwenden Sie den weichen Blick. Der **weiche Blick** ist das Gegenteil vom starren Blick. Man könnte also auch sagen ein verträumter Blick.

Warum ist ein weicher Blick zu empfehlen?

Fixieren Sie einen Gegenstand stark, verschwimmt alles was sich links und rechts von dem Gegenstand befindet. Das Sichtfeld wird verengt. Paradoxerweise müssen Sie also, um mehr Text aufzunehmen, den Blick nicht fokussieren.

Heben Sie die Arme, die Daumen zeigen nach oben. Entfernen Sie gleichmäßig die Daumen aus ihrem Sichtfeld, solange, bis Sie sie nicht mehr sehen können. Führen Sie die Arme wieder zusammen. Wenn Sie diese Übung immer wiederholen, trainieren Sie Ihren weichen Blick.

- Der weiche Blick wird verwendet, um eine erhöhte Augenspannweite herzustellen. Je weiter die Spannweite reicht, also je mehr Wörter Sie mit einem Blick erfassen können, umso schneller lesen Sie einen Text.

Übung 6: Leseradius reduzieren

Bei der Übung machen wir uns das periphere Sehfeld des Auges zunutze.

Das Auge nimmt rechts und links neben dem **eigentlichen Sehfeld** die Wörter unbewusst wahr.

Lesen Sie einen Text, aber achten Sie bewusst darauf, dass Sie zwei bis drei Zentimeter bis zum eigentlichen Zeilenrand anfangen bzw. aufhören zu lesen. Dadurch werden die Wörter, die am Anfang/am Ende einer Zeile stehen, unbewusst aufgenommen. Als Beispiel sind die Wörter außen in dieser Aufgabe grau unterlegt.

Diese Ausführungen sollten Ihnen eine kleine Anregung geben, um sich mit dem Thema Speedreading bei Interesse zu befassen. Es gibt sehr viele gute weiterführende Literatur und auch Präsenzseminare zu diesem Thema. Handelt es sich um fachlich sehr anspruchsvolle Texte, ist das Thema „Speedreading“ wahrscheinlich weniger geeignet.

Leitsatz 12

Speedreading

Unter Speedreading werden **Schnelllesetechniken** verstanden. Kernmerkmale des Schnelllesens sind:

- das **Auge** beim Lesen führen
- **Textverständnis** trainieren
- **Blickspannweite** erweitern
- **Zeilenradius** bewusst reduzieren

Analytisches Lesen

In den Ausführungen zuvor lernten Sie die Technik des „Schnelllesens" kennen. Das kann natürlich gerade bei sehr fachlastigen Themen nicht des Weisheit letzter Schluss sein.

Wie können Sie sich effizient in ein neues Themengebiet einlesen?

Wie lassen sich Fachartikel lesen und das Gelesene behalten?

Eine Lösung liegt im analytischen Lesen.

In einem Grundlagenwerk haben Mortimer J. Adler und Charles van Doren („How to read a book") diesen Begriff geprägt.

Was ist darunter zu verstehen?

Bevor Sie beginnen ein Buch/einen Artikel analytisch zu lesen, schauen Sie quer und überlegen Sie kurz.

1) Was erwarte ich von dem Text? Was ist das für ein Text?

Lesen Sie die Überschrift und die Zwischenüberschriften. Bei einem Buch lesen Sie das Inhaltsverzeichnis und das Stichwortverzeichnis. So stimmen Sie Ihr Gehirn mental auf die folgende Materie ein.

2) Welche Schlagwörter erwarte ich aufgrund meines Vorwissens wiederzufinden?

Sie lesen zum Beispiel einen Aufsatz über die körperschaftsteuerliche Organschaft und erwarten in dem Fall die Begriffe „Gewinnabführung", „Ausgleichszahlungen" und „Mehrheitsverhältnis" wiederzufinden. Überfliegen Sie den Text. Finden Sie Ihre Schlagwörter, lesen Sie die folgenden Passagen konzentriert, markieren Sie eventuell wichtige Passagen.

3) Lesen Sie jetzt Wort für Wort!

Schlingen Sie den Text nicht in sich hinein, sondern „genießen" Sie die Sätze. Lesen Sie hochkonzentriert und nicht vergessen ...

Vor dem Lesen legen Sie neben den Artikel/den Fachbeitrag/Ihr Gedankenbuch. Das kann natürlich auch ein Heft sein. Schreiben Sie zuerst die Überschrift und die Quelle (z.B. „Entwicklungen in der körperschaftsteuerlichen Organschaft", DStR 20XX S.1149 - 1158).

Haben Sie beim Lesen eine Assoziation oder einen Gedanken, der weiterführt, schreiben Sie diesen auf.

Haben Sie den Text zu Ende gelesen, überlegen Sie:

4) Reicht mein passiver und aktiver Wortschatz aus? Welche Begriffe sind für mich unklar?

Schlagen Sie diese Begriffe nach.

Haben Sie die semantisch unklaren Wörter bearbeitet, überlegen Sie weiter:

5) Was sind die Kerninformationen des Textes?

Versuchen Sie diese in eigenen Worten kurz und prägnant wiederzugeben. Dadurch werden die Informationen vom Kurzzeitgedächtnis in das Langzeitgedächtnis „transportiert". Haben Sie Zuhörer, erzählen Sie den Inhalt mit Ihren eigenen Worten. Haben Sie keine, die Katze, der Hund, der heißgeliebte Teddy tun es auch, und diese können Ihnen nicht widersprechen!

Lesen Sie jetzt und auch später noch einmal die Notizen in Ihrem „Gedankenbuch". Lagen Sie richtig mit Ihren ersten Eindrücken. Müssen Sie andere Quellen heranziehen? Ergaben sich Querverweise?

Leitsatz 13

Analytisches Lesen

Beim analytischen Lesen beschäftigt sich der Leser bereits beim erstmaligen Lesen aktiv mit dem Text. Dadurch gelingt es dem Gehirn leichter, die Informationen abzuspeichern. Das analytische Lesen erfolgt in mehreren Schritten.

- **Quer** lesen
- **Erwartungshaltung** formulieren
- **Schlagwörter** erkennen
- **Wortwörtlich** lesen
- **Fremdwörter** eliminieren
- **Kerninformation** zusammenfassen

Lektion 17: Der Umgang mit Blockaden und Prüfungsängsten

Lernblockaden

Kennen Sie das Gefühl? Sie lernen, lernen, lernen und am Ende des Tages fragen Sie sich „verflixt auch, was habe ich heute eigentlich gemacht"? Alles weg, entfleucht, geflüchtet.

Diese nachfolgenden Absätze setzen sich mit dem Thema **Lernblockaden** auseinander und zeigen Ihnen Lösungswege auf, sollten Sie in den Teufelskreis - immer mehr lernen und immer weniger verstehen - geraten.

Dazu müssen wir uns kurz den Aufbau unseres Gedächtnisses ansehen.

Vereinfacht gesagt besitzt das Gehirn drei Speicher für neue Informationen.

Das **Ultrakurzzeitgedächtnis**, das **Kurzzeitgedächtnis** und das **Langzeitgedächtnis**.

Im Ultrakurzzeitgedächtnis verbleiben die Informationen, wie der Name schon sagt, nur Sekunden, das kann zum Beispiel die Information sein. Die Ampel ist grün, lauf los.

Das Kurzzeitgedächtnis kann die Informationen bereits mehrere Minuten bewahren, bevor auch dieser Speicher überschrieben wird. Das ist zum Beispiel der Name einer vorgestellten Person oder die Telefonnummer der Traumfrau/des Traummannes.

Schade wäre es in dem Fall, wenn die Telefonnummer für immer verloren gehen würde. Aber dafür gibt es noch das Langzeitgedächtnis. Informationen die die Straße des Ultrakurzzeitgedächtnis und des Kurzzeitgedächtnisses passiert haben und im Langzeitgedächtnis angekommen sind, bleiben in der Regel sehr lange, vielleicht sogar ein Leben lang erhalten.

Eine Lernblockade wird nun dadurch definiert, dass keine Informationen mehr in das Langzeitgedächtnis hineinkommen, oder herauskommen.

Stellen Sie sich eine verstopfte Straße vor. Die Informationen sind dichtgedrängt, „Stoßstange an Stoßstange". Es geht weder vor noch zurück. Das ist Ihre Lernblockade.

Wodurch entstehen Lernblockaden?

Zu unterscheiden sind die **kurzfristigen Lernblockaden** von den **gefestigten Blockaden**. Die kurzfristigen Lernblockaden entstehen zum Beispiel bei fehlenden Pausen und den damit verbundenen **Konzentrationsstörungen**. Sie sind relativ leicht zu bewältigen. Meistens genügt ein kleiner Ortswechsel, ein Spaziergang an der frischen Luft, eine kleine Gymnastik, die kurzfristige Änderung des Lernstils, der seit Stunden verschobene Essenssnack oder ähnliches.

Das ist unproblematisch.

Die gefestigten Lernblockaden entstehen nicht von heute auf morgen, sondern über einen längeren Zeitraum. In der Regel werden diese begründet durch **Versagensängste** oder verursacht durch **negative Erfahrungen**.

Das kann zum Beispiel mit einer vergeigten Mathearbeit losgehen.

Sie schreiben eine sehr schlechte Arbeit.

Zur nächsten Arbeit sitzt die (erste) Angst im Nacken – Was ist, wenn es diesmal wieder schief geht? Sie geraten in eine Stresssituation.

Diese bewirkt, dass Ihre Informationsstraße blockiert wird.

Sie können Ihr Wissen nicht optimal abrufen.

Die Arbeit läuft auch schlecht und so steigert sich der Stresspegel und somit die Blockade.

Weitere Ursachen für Lernblockaden können – neben der Versagensangst – auch

a) die Überforderung sein (z.B. durch die Eltern, die Schule) oder

b) die mangelnde Anerkennung nach Lernerfolgen sein.

Fragestellungen zur Beseitigung von Lernblockaden:

- Lerne ich meinem Lerntyp entsprechend? (siehe „Lerntypen")
- Gebe ich meinen Körper, was er braucht? („Speiseplan")
- Lenkt mich meine Lernumgebung ab?*
- Will ich selbst lernen oder wird mit mir gelernt?**
- Bin ich ein Medienjunkie?***

*Lernumgebung

Eine positiv stimmende **Lernumgebung** trägt viel zum Lernerfolg bei.

Sorgen Sie dafür, dass der Platz aufgeräumt ist.

Gönnen Sie sich einen Fensterplatz mit netter Aussicht, um die Gedanken auch einmal schweifen lassen zu können.

Stellen Sie sich Ihr Lieblingsfoto auf. Hängen Sie Ihr Lieblingsbild in die Nähe des Lernplatzes.

Sie müssen versuchen, einfach eine **positive Grundstimmung** auf Ihren Arbeitsplatz zu projizieren.

**Will ich selbst lernen, oder wird mit mir gelernt?

Diese Fragestellung taucht teilweise auch bei der Motivation auf. Treiben Sie sich an, oder werden Sie angetrieben? In der Regel ist es zumindest beim Steuerberaterexamen so, dass der eigene Antrieb die Hauptkraft ist. Sollten Sie jedoch die Steuerrechtsklausuren im Rahmen eines Studiums absolvieren und haben mit Steuern nichts weiter am Hut, werden Sie fremdbestimmt.

Hier helfen dann nur die **Umprogrammierung** und das Setzen eigener Zielstellungen.

Was klingt besser?

So?	Oder So?
Ich muss schon wieder für die Prüfung lernen!	Mal sehen, was ich diesmal mitnehmen kann? Meine erste Steuererklärung kommt bestimmt.
Das ist wieder so viel Lernstoff. Das kriegt kein normales Gehirn gefasst.	Diese Fülle ist eine echte Herausforderung für mich. Das haben vor mir ganz andere geschafft. Ich schaffe das auch!
Ohne diese Prüfung komme ich nicht weiter.	Wenn ich den Schein gemacht habe, gönne ich mir erst einmal einen schönen Wochenendurlaub.

Lerntipp:

- Es ist wichtig, dass Sie versuchen, interessante Aspekte aus dem Lernstoff zu absorbieren.
- Auch wenn das Thema totlangweilig ist, versuchen Sie eine praktische Umsetzung zu finden. Vielleicht haben Sie ja einen Mandanten kurz vorher betreut, bei dem diese „Grenzgänger-" oder sonstige Problematiken zutrafen?
- Je mehr Sie versuchen sich den Lernstoff einzuhämmern, ohne einen Bezug zu Ihrem Leben herzustellen, umso mehr wird Ihr Körper bzw. Ihr Kopf streiken.

Prüfen Sie Ihre Assoziationen in Hinblick auf die anstehende Klausuren, und wenn nötig programmieren Sie sich um! Je besser Sie den Lernstoff mit positiven Gefühlen verbinden, desto höher ist Ihre Behaltensquote.

***Bin ich ein Medienjunkie?

Werden Sie durch Medieneinflüsse von Lernen abgelenkt?

Haben Sie den Drang, alle fünf Minuten im Internet zu surfen, um zu sehen, wer Ihnen diesmal nicht geschrieben hat?

In solch einem Fall helfen zwei Dinge:

- Verbannen Sie die Störfaktoren aus Ihrer unmittelbaren Umgebung.
- Geben Sie Ihren Laptop der Nachbarin zur Aufbewahrung.
- Schließen Sie die Fernsehantenne weg.

Ist das nicht möglich, oder hilft das nicht, wäre ein Wechsel in eine Lernumgebung, ohne Medieneinflüsse anzuraten (z.B. die Parkbank, das Café, die Bibliothek).

Prüfungsangst

Kommt Ihnen das bekannt vor?

Der Bauch fährt Fahrstuhl nur bei den Gedanken an die bevorstehende Klausur/Klassenarbeit/Führerscheinprüfung etc. Abwechselnd wird Ihnen heiß und kalt und die Hände beginnen zu schwitzen.

Willkommen im Bereich der **Prüfungsangst**.

Die Prüfungsangst ist eine Reaktion des Körpers auf das Neue, das Unbekannte. Sie begeben sich in eine Situation, die Sie erst einmal nicht bis ins Detail überblicken und selbst bestimmen können. Der Körper reagiert darauf mit Stress. Die Reaktionen können höchst unterschiedlich sein und erschweren das erfolgreiche Bestehen der Prüfung. Daher erhalten Sie nun einige Handlungsempfehlungen, um dem im Vorfeld gegenzusteuern.

Ein gewisses Quantum Angst ist hilfreich und notwendig. Ohne Angst und dem damit verbundenen Stress vor einer Prüfung würde man die **Prüfungssituation** auf die leichte Schulter nehmen, sich deshalb eventuell nicht ausreichend vorbereiten und so die Prüfung aufgrund ungenügender Vorbereitung schlechter abschneiden bzw. erst gar nicht bestehen.

Echten Schaden richtet Prüfungsangst dann an, wenn sie zum **beherrschenden Alltagsgefühl** wird. Dann wird diese so stark, dass sie starken Distress (negativen Stress) verursacht, der sich sowohl auf die Prüfungsvorbereitung als auch auf die eigentliche Prüfung auswirkt.

Starke Versagensängste und Selbstzweifel führen automatisch zu größeren körperlichen Anspannungen, und diese können einen Blackout verursachen.

Die Symptome der Prüfungsangst treten nicht nur während der Prüfung auf, sondern bereits in der Vorbereitung, wenn Sie sich mit dem Thema Prüfung innerlich auseinandersetzen.

Doch woraus bezieht diese ihre Quellen?

- Sie haben Angst vor der Prüfungsvorbereitung (Habe ich noch Zeit für andere Dinge?)
- Sie haben Angst vor der eigentlichen Prüfung (Ich werde nichts mehr wissen.)
- Sie haben Angst vor den Folgen, sollten Sie nicht bestehen (Alle lachen mich aus!)
- **Aber auch:** Sie haben Angst vor den Folgen, **sollten Sie bestehen** (Kann ich den höheren Anforderungen gerecht werden?)

Die Prüfungsangst kann sich in vier Bereichen bemerkbar machen:

Geistiger Leistungsfähigkeit	Konzentrationsstörungen, Selbstzweifel, Lernblockaden etc.
Seelischer Bereich	Angst, Stimmungsschwankungen, Unsicherheit etc.
Körperlicher Bereich	Schlafstörungen, Kopfschmerzen, Herzstechen etc.
Und besonders gravierend im Verhalten	Alkohol- und Medikamentenmissbrauch, übermäßiges Essen etc.

Wie können Sie diese Ängste minimieren, damit in der Prüfungssituation nur noch der willkommene **Eustress** (positiver Stress) verbleibt?

Der Schlüssel liegt wie so oft in der eigenen Person und nicht bei den anderen.

Formen und Gegenstrategien

a) Die Angst vor der Prüfungssituation

Form:
Sie stellen sich die Prüfung plastisch vor.

Sie kauen auf dem Kuli und starren auf ein leeres Blatt Papier.

Die Seite zur Lösung im Gesetz/in den Richtlinien fehlt natürlich etc.

Gegenstrategie:
Sie malen sich aus, wie der Raum aussehen könnte. Sie überlegen sich, wo Sie sitzen, wie Sie sitzen. Vielleicht haben Sie einen Lieblingskommilitonen, oder eine Traumfrau in Ihrer Lerngruppe. Natürlich sitzen Sie direkt neben dieser Person in Ihrer Phantasie. Lassen Sie ruhig die Ängste in Ihrer Vorstellung hochkommen und versuchen sich alsdann zu beruhigen.

Denn Sie haben nicht nur für das Lernen, sondern auch in die Vorbereitung der Unterlagen Zeit investiert. Die wichtigen Stellen im Gesetz sind markiert, die Register sind geklebt. Sie wissen, dass die Unterlagen in Ordnung sind.

Je öfter Sie im Vorfeld die Vorstellung des Prüfungsverlaufes abgerufen und die Ängste besiegt haben, umso leichter werden Sie die eigentliche Prüfungssituation bewältigen. Vielleicht merken Sie ja nicht einmal, dass Sie in der Prüfung sitzen?

b) Die Angst Negativer Gedanken

Form:
Die Welt ist eine schwarz-graue Scheibe. Egal worüber Sie nachdenken. Das Ergebnis sind immer nur Horrorvisionen.

Gegenstrategie:
Sollten negative Gedanken im Vorfeld auftauchen, ersetzen Sie diese konsequent durch positive oder zumindest durch neutrale Gedanken:

Statt	**Besser**
Nie wird das Gelernte abgefragt	Eigentlich habe ich bisher **immer** eine Antwort gefunden. Warum sollte es diesmal anders sein? Auch wenn ich einen Sachverhalt nicht weiß, **punkte** ich bei den anderen ganz bestimmt.
Ich darf keinen Fehler machen	Es ist illusorisch 100 Punkte zu erwarten. Wichtig ist das **Erreichen** der mündlichen Prüfung, 50 Punkte + reichen völlig!
In der Prüfung habe ich bestimmt einen Blackout	Ich habe **alles getan** für meine Vorbereitung. Sollte ich die eine Aufgabe nicht lösen können beginne ich die nächste. Die Fuß-gängerpunkte finde ich bestimmt! (Lektion 2)

IMMER! Denken Sie **positiv!**

c) Die Angst und **Körperliches Unwohlsein**

Form:
Anspannung aufgrund von Stress äußert sich in einer flacheren (Brust-) Atmung. Sie atmen häufiger (hecheln), die Muskeln sind in **Alarmbereitschaft**. Nackenschmerzen, Rückenschmerzen ja sogar Kopfschmerzen sind die Folge.

Gegenstrategie:
Üben Sie im Vorfeld die **Tiefenatmung**. Unterhalb des Bauchnabels (ca. drei Fingerbreit unterhalb) befindet sich ein wichtiges Energiezentrum des Körpers. Lenken Sie bewusst die Atmung in dieses Zentrum. Wenn Sie einatmen, weiten Sie den Bauch, soweit es geht. Stellen Sie

sich vor, Ihr Bauch ist ein Luftballon. Wenn Sie meinen, nichts mehr einatmen zu können ...

- Halten Sie kurz die Luft an.
- Atmen Sie aus.
- Bis zum Ende.
- Pressen Sie die Luft aus Ihrem Körper.
- Ihr Körper ist nun ein leerer Schlauch.
- Halten Sie kurz inne. Atmen Sie wie beschrieben wieder ein.

Wenn Sie spüren, wie sich Ihr Körper verkrampft, wie die Gedanken anfangen ohne Ergebnis zu kreisen, üben Sie bereits im Vorfeld der Prüfung diese Atmung, mindestens zehn Atemzüge lang. Je besser Sie im Vorfeld die Tiefenatmung geübt haben, umso leichter wird es Ihnen in der Prüfung fallen, die Ängste mit der Atmung abzufangen.

Leitsatz 14

Prüfungsangst

Prüfungsängste treten nicht unbedingt erst während der Prüfung, sondern bereits während der Vorbereitung auf. Wichtig ist, dass Sie diese nicht ignorieren, sondern versuchen, diese offensiv mit **Gegenstrategien** anzugehen. Der Angst zu begegnen ist eine reine **Kopfsache** und Sie müssen, um für eine Prüfung erfolgreich zu lernen, **mentale Stärke** zeigen!

Doch was ist zu tun, wenn während der schriftlichen Prüfung der gefürchtete Blackout auftritt?

Blackout

Sie haben Schweißausbrüche, eine Klammer umfasst Ihren Körper.

- Konzentrieren Sie sich auf Ihre Atmung und gehen Sie in die Tiefenatmung.

Sie verstehen die Aufgabenstellung absolut nicht. Die ganze Frage ist ein böhmisches Dorf.

- Wechseln Sie wenn möglich die Aufgabe. Kein Mensch erwartet von Ihnen, dass Sie mit A beginnen und mit Z enden. Hauptsache, Sie haben am Ende Ihre Antworten entsprechend sortiert.

- Hilft das nicht, z.B. weil es die letzte zu lösende Aufgabe ist, einmal kurz durchatmen. Machen Sie sich kurz Stichpunkte, was Sie an der Aufgabe alles nicht verstehen, tabellarisch, nebeneinander, untereinander ganz nach Ihrer Fasson. Sie können sich sicher sein, durch die kurzfristige Beschäftigung mit dem, was Sie nicht wissen, taucht automatisch als Gegenpol das auf, was Sie wissen! Sie haben sich vorbereitet. Es ist nicht so, dass Sie nichts wissen, beginnen Sie dann aufzuschreiben, was Sie wissen und Sie beginnen sich zumindest die Fußgängerpunkte zu angeln.

Die Lösung liegt vor Ihnen, aber Ihnen fällt absolut kein Anfang ein?

- Es gibt Standardeinleitungen für Standardfragestellungen. Üben Sie diese möglichst im Vorfeld. Das hat den Vorteil, die Fußgängerpunkte zu bekommen und die erste Hürde mit den ersten Sätzen – ohne groß nachdenken zu müssen – mitzunehmen.

Anhang: Fit for Study

Lernpausen

Sie haben es sicherlich schon aus leidvoller Erfahrung gelernt. Kein Mensch kann am Stück über Stunden lernen. Unerlässlich für eine optimale Klausurvorbereitung sind daher auch die Pausen. Neben dem Spaziergang, dem Durchlüften etc. sind insbesondere Übungen von großer Wirkung zur Förderung des Lernprozesses. Dazu hier eine Darstellung der Technik des Brain-Gym. Zuvor aber der schnelle anwendbare Kurzschlaftrick.
Ihnen fallen beim Lesen ständig die Augen zu? Ihr Kopf nickt Richtung Tischplatte? Höchste Zeit für den Kurzschlaftrick. Legen Sie sich bequem in einen Sessel oder auf die Couch. Nehmen Sie z.B. ein Schlüsselbund in Ihre Hand und achten Sie darauf, dass diese Hand über den Fußboden „hängt". Schließen Sie die Augen. Wenn Sie eingeschlafen sind und in die Tiefschlafphase wechseln, erschlaffen die Muskeln. Die Hand öffnet sich, der Schlüssel fällt heraus. Sie werden durch das Klirren aufgeweckt. Diese Phase bis zum Eintritt in den Tiefschlaf reicht bereits aus, um sich danach erfrischt zu fühlen und eine weitere Lernetappe zu starten.
Unter Brain-Gym wird eine Reihe von Übungen verstanden, die beide Gehirnhälften aktiv ansprechen. Das Brain-Gym wurde von Dr. Paul Dennison aus Kalifornien vor mittlerweile über 30 Jahren entwickelt. Es handelt sich dabei, wie der Name schon sagt, um Gymnastik für das Gehirn. Dabei sind keine Denksportaufgaben gemeint, sondern tatsächlich körperliche Übungen. Hintergrund ist der Gedanke, dass der Lernprozess durch aktive Bewegung angeregt und vertieft wird. Ideal sind diese Übungen also für die Pausen zwischendurch.

- Übung 1: Überkreuzbewegung

Zum Aufwärmen eine einfache Übung: Gehen Sie auf der Stelle. Ziehen Sie im Wechsel jeweils das Knie hoch. Und schlagen Sie mit dem Ellenbogen des gegenüberliegenden Armes an (also linker Ellenbogen an rechtes Knie, rechter Ellenbogen an linkes Knie). Dabei ist nicht die Schnelligkeit entscheidend, sondern, dass Sie die Bewegungen langsam und bewusst ausführen!
Wirkung der Übung: Mit dieser Übung stimulieren Sie die Funktionen Ihres gesamten Gehirns und der Stirnlappen. Das hat umfassende positive Auswirkungen auf sowohl geistige als auch körperliche Aktivitäten.

• Übung 2: Der Elefant
Sie stehen aufrecht. Die Knie sind entspannt. Der linke Arm ist ausgestreckt. Neigen Sie Ihren Kopf soweit, dass das linke Ohr die linke Schulter berührt. Beginnen Sie mit den ausgestreckten Zeigefinger der linken Hand eine Acht in der Luft zu malen. Es wird eine große Acht. Dabei setzen Sie auch ihren Oberkörper ein. Beobachten sie Ihren Finger die ganze Zeit. Danach wechseln sie zum rechten Arm. Wiederholen Sie die Übungen ca. viermal.
Wirkung der Übung: Nackenspannungen werden gelöst. Alle Bereiche des Körper-Geist-Systems werden aktiviert.
• Übung 3: Schwerkraftgleiter
Sie setzen sich bequem auf einen Stuhl und strecken die Beine nach vorne aus, aber so, dass die Füße noch den Boden berühren. Legen Sie ein Fußgelenk auf das andere. Beugen Sie die Knie leicht an. Beugen Sie Ihren Oberkörper in Richtung der gekreuzten Füße und atmen Sie langsam aus. Die Arme bleiben dabei gestreckt und werden parallel zu den Beinen geführt. Wenn es anfängt weh zu tun, hören Sie sofort mit den Beugen auf. Es soll immer angenehm bleiben! Wenn Sie einatmen richten Sie sich wieder auf, so dass Sie in Ihrer alten Position ankommen. Die Übung können Sie wiederholen, so oft Sie möchten, aber bitte mindestens dreimal hintereinander mit den linken Fuß oben und dreimal hintereinander mit dem rechten Fuß oben!
Wirkung der Übung: Sowohl langes Sitzen als auch Stress verursachen Verspannungen im Beckenbereich. Mit dieser Übung können Sie diesen Bereich entspannen, und er wird besser durchblutet. Durch eine Entspannung erreichen Sie eine bessere Körperkoordination und eine besseres Gleichgewichtsgefühl. Außerdem wird die Auffassungsfähigkeit gesteigert.
• Übung 4: Simultanzeichnen
Es kommt bei dieser Übung nicht auf Meisterschaft an! Nehmen Sie sich ein weißes Blatt Papier und links und rechts in Ihren Händen jeweils einen Stift. Malen Sie jetzt Kreise, Achten, Kringel, was Ihnen gerade in den Sinn kommt. Eines ist dabei immens wichtig: Egal was Sie mit der einen Hand zeichnen, die andere Hand muss es spiegelbildlich zeitgleich mit zeichnen. Fällt das Ihnen schwer, können Sie Ihren Händen Kommandos zurufen (auf/ab). Das funktioniert!
Wirkung der Übung: Mit dieser Übung fördern Sie die Koordination Ihrer Augen und unterstützen auch die Augen-Hand-Abstimmung für eine bessere Schreibfertigkeit.

- Übung 5: Drei liegende Achten

Nehmen Sie sich wieder ein leeres Blatt Papier. Fixieren Sie die Mitte des Blattes. Es muss mittig zu Ihrem Körper liegen. Sind Sie Rechtshänder beginnen Sie mit rechts, als Linkshänder ist die Linke Ihre Starthand. Zeichen Sie in einer weit ausholenden Bewegung liegende Achten. Gehen Sie dabei bewusst von rechts führend (als Rechtshänder) und weit ausholend über die Mitte des Blattes (und damit des Körpers) in den linken Bereich hinein. Setzen Sie den Stift nicht ab. Zeichnen Sie bitte in folgender Reihenfolge:
Erstens: Drei Achten mit der rechten Hand. Drei Achten mit der linken Hand und zum Schluss drei Achten mit beiden Händen. Fokussieren Sie während des Zeichnens die Spitze des Stiftes.
Zweitens: Sind Sie warm geworden? Zeichnen Sie als Nächstes drei liegende Achten mit Ihrer Schreibhand und als krönenden Abschluss (ohne abzusetzen) schreiben Sie ein kleines a links neben der äußeren liegenden Acht. Ohne abzusetzen zeichnen Sie wieder drei liegende Achten und schreiben rechts(!) ein b, dann wieder drei liegende Achten und ein c geschrieben, und zum Abschluss drei liegende Achten und ein d links hingezaubert. Beenden Sie die Übung mit drei liegenden Achten.
Wirkung der Übung: Durch das bewusste „Kreuzen" der rechten und linken Körperhälfte (oder umgekehrt) aktivieren Sie beide Gehirnhälften.

- Übung 6: Denkmütze

Beginnen Sie Ihre Ohren von oben an leicht zu zupfen (ca. 1 Minute) oder: dreimal von oben und dreimal von unten leicht zupfen.
Wirkung der Übung: Diese Übung hilft und verbessert die auditive Aufmerksamkeit, das Gedächtnis, Denken, Hören, Sprechen, Singen, Rechtschreiben, Musizieren und die Atmung. Sie entspannt: Kiefer, Zunge, Gesicht.

- Übung 7: Positive Punkte

Halten Sie Ihre Stirn mit je zwei Fingern (Zeigefinger, Mittelfinger) und motivieren Sie sich mit einem positiven Zielsatz (entweder laut sprechen oder intensiv denken).
Wirkung der Übung: Diese Übung hilft bei: Stress, Prüfungen, Gedächtnisblockaden und verbessert: Gedächtnis, Rechtschreiben, Mathematik.

Betrachten sie die Übungen einfach als Anreiz. Eine Lernpause muss nicht obligatorisch aus der Zigarette und einer Tasse Kaffee bestehen!

Ernährung

„Plenus venter non studet libenter." Im alten Rom leben wir nicht mehr, aber das Sprichwort „ein voller Bauch studiert nicht gern" hat nichts von seiner Allgemeingültigkeit verloren.
Wer kennt nicht diesen Satz von seinen Eltern, von Lehrern, Dozenten etc. Dieser Abschnitt beschäftigt sich mit dem Zusammenhang zwischen richtiger Ernährung und Lernen und will Tipps zum richtigen Speiseplan während der Lernphasen geben. Warum studiert es sich nicht so gut mit vollem Bauch?
Ist der Magen gefüllt, werden durch den Körper automatisch die **Verdauungsprozesse** angestoßen. Die Nahrung wird zerkleinert, zerlegt, gespalten und aufgeweicht. Was gut und wichtig für die einzelnen Organe, Zellen etc. ist, wird auf Reisen geschickt, alles weitere Unverdauliche, nicht so Bekömmliche wandert einen anderen Weg .... Klar, dass diese ganzen **Ernährungsprozesse** viel Energie verbrauchen. Klar ist ebenso, dass diese Energie nicht mehr für das Lernen zur Verfügung steht. Beim Lernen heißt es jedoch das Gehirn einschalten. Und der **Energiekiller Nummer Eins** im Verhältnis zur Organgröße ist das Gehirn. Während eines normalen Tages verbraucht es ca. 20 % der zugeführten Energie und 40 % des aufgenommenen Sauerstoffs.

Ein kurzer Abriss

Für die normalen „Schaltfunktionen" des Gehirns wird **Glukose**, also Zucker benötigt. Damit die Verbindungen zwischen den einzelnen Nervenzellen nicht blockieren, werden die viel zitierten Omega-3-Fettsäuren benötigt. Diese bilden unerlässliche Schutzpolster für die Nervenzellen und helfen auch den Herz-Kreislauf in Schwung zu halten.

Worauf sollten Sie körperlich während der Lernphasen achten?

- Regel Nr. 1: Genügend Trinken!

Der Mensch besteht zum großen Teil aus Wasser. Das gilt auch für das Gehirn. Trinken Sie zu wenig kommt es zu einer **Dehydrierung** des Körpers. Das Gehirn schüttet ein Hormon aus (Cortisol). Dieses Hormon bewirkt jedoch das Schrumpfen der Dendriten. Dendriten sind Verästelungen im Gehirn, die Informationen abspeichern. Das Minimum sind zwei Liter Wasser am Tag. Nicht zu viel Kaffee trinken.

- Regel Nr. 2: Nicht den Bauch vollschlagen

Essen Sie nicht bis zum absoluten **Völlegefühl**. Das Gefühl satt zu sein, erreicht Ihren Kopf erst ca. 30 Minuten nach dem Essen. Also warten Sie mit dem Essen nicht, bis der Bärenhunger kommt. Kauen Sie bewusst und versuchen Sie sich an der „20-Regel“, also jeden Bissen zwanzig Mal kauen bevor er geschluckt wird. Ansonsten könnten Sie beim Essen leicht über die Stränge schlagen und mehr essen als das Gehirn gut heißen würde.

- Regel Nr. 3: Ausreichend Lüften

Das Gehirn verbraucht sehr viel Sauerstoff (wie gesagt ca. 40 %). Das Lernen fällt leichter, wenn kurze Durchlüftungspausen eingelegt werden, oder generell die Fenster beim Lernen geöffnet sind. Wenn die Zeit vorhanden ist, sollten Sie auch immer kurze Spaziergänge an der frischen Luft einplanen.

- Regel Nr. 4 Ausreichend schlafen

Das Gehirn benötigt, wie auch der Rest des Körpers, Phasen der Ruhe, um sich zu regenerieren. Hat der Tag leider nicht 48 Stunden, um die Stofffülle zu bewältigen, hilft vielleicht auch der Kurzschlaftrick, um zumindest etwas erfrischt weiter zu lernen.

- Regel Nr. 5 Du bist, was Du isst

Was ist also gutes Lernessen? Aus dem angelsächsischen Raum kommt ein Begriff der den Kern sehr gut trifft „Brain-Food“. Unter Brain-Food wird also Nahrung verstanden, die das Gehirn mit den benötigten Nährstoffen versorgt und eine konstante Energieversorgung sicherstellt. Unerlässlich für das Funktionieren des Körpers und des Geistes sind.

Kohlenhydrate	→	Energielieferant
Proteine	→	bilden die Ausgangssubstanzen für Neurotransmitter für die Nervenzellen
Fette	→	werden für gesunde Zellen benötigt, aber immer auf die gesunden Fette achten
Mineralien bzw. Vitamine	→	unerlässlich als Grundsubstanzen für die biochemischen Abläufe im Körper

Nachfolgend erhalten Sie einen kurzen Überblick für einen ausgewogenen Speiseplan.

Der Tagesplan im Überblick

- Frühstück

Möglichst kohlenhydratreiche Speisen und dabei auf komplexe Kohlenhydrate achten. Komplexe Kohlenhydrate sind schwer verdaulich. Dadurch wird der benötigte Blutzucker über einen langen Zeitraum an den Körper abgegeben. Trinken Sie etwas Milch für den Eiweißhaushalt.

Nahrungstipp: Essen Sie Getreidemüsli mit Milch oder Sojamilch oder Vollkornbrot mit Käse.

- Zwischen den Lernphasen

Empfehlenswert sind Müsliriegel, Äpfel, Joghurt mit Früchten, Vollkornbrot, aber Achtung zwischen bedeutet nur eine Zwischenmahlzeit, also von der Menge her ein Snack. Etwas Bitterschokolade ist auch erlaubt.

- Mittag

Achten Sie auf eiweißhaltiges Essen (z.B. Fisch enthält die bereits zitierten Omega-3-Fettsäuren aber bitte keine Fischstäbchen), Geflügelspeisen mit Gemüse und Salat. Auch hier gilt: Nicht den Bauch vollschlagen.

- Abendbrot

Erlaubt sind Nudeln in jeder Fasson, Reis oder andere Getreidesorten. Möchten Sie nach dem Abendbrot nur noch in Ihr Bett, können Sie Milch mit Honig trinken. Das Schlafhormon Melatonin wird aus Tryptophan aufgebaut, und dieser Stoff wird wiederum durch Milch und Honig geliefert. Wollen Sie jedoch nach dem Essen noch eine letzte Lernschicht einlegen, hilft kurz gezogener schwarzer oder grüner Tee. Tee ist nicht so anregend wie Kaffee. Dafür ist die Wirkung länger anhaltend.

Klausurnahrung

Es ist soweit. Sie sitzen zusammen mit den anderen Prüflingen in einen riesigen anonymen Raum und schreiben und schreiben. Der Hunger packt Sie. Was hilft auch in der Prüfungssituation?

Als Klausurnahrung zu empfehlen sind: Vollkorn, Vollkorn, Vollkorn und als Dauerbrenner die Banane. Diese, kombiniert mit etwas anderen Obst, liefert aufgrund der Zusammensetzung sowohl einfach als auch komplexe Kohlenhydrate. Sie erhalten somit zum einen sofortigen Energieschub, zum anderen aber auch eine konstante Zufuhr von Glukose.

Weiterhin zu empfehlen sind Müsliriegel, Trockenfrüchte und viel Trinken, aber bitte immer ungesüßt. Der enthaltene Zucker fährt sonst den Körper radikal nach oben. Diese schnelle Erhöhung des Blutzuckerspiegels ist jedoch nicht von langer Dauer. Nach einem kurzen Hoch fällt der Körper erst einmal in ein Loch. Das ist tödlich bei einer anstrengenden Klausur.

* Daher gilt auch hier, Finger weg von Traubenzucker und Cola. Die aufputschende Wirkung ist nur von kurzer Dauer.

* Ran an die Naturprodukte wie Vollkornbrot, Bananen und anderes Obst und dabei viel Ungesüßtes trinken.

***

Jetzt sind Sie top vorbereitet! Sie kennen die Feinheiten der Techniken und Strukturen, Sie sind über Aufbau- und Lösungshinweise informiert, Ihnen sind die Hintergründe der Motivationen und Lernformen bekannt und Sie sind „Fit for Study".

Viel Erfolg für Ihre Klausuren!

leicht gemacht®

Die Steuer der GmbH – *leicht gemacht®*

Das Steuerlehrbuch zur wichtigsten Kapitalgesellschaft

von Reinhard Schinkel, Steuerberater

In der fallorientierten Darstellung der leicht gemacht®-Reihe begibt sich der Leser, geleitet durch einen erfahrenen Steuerberater, auf den Weg durch die Besteuerung der GmbH. Neben den Grundlagen des Besteuerungsrechts und des Verfahrens mit dem Finanzamt lernt der Leser alle Haupt- und die Nebensteuern dieser Kapitalgesellschaft und deren Ermittlung kennen. Leitsätze und Übersichten helfen das Wissen zu vertiefen.

Die praxistauglichen Steuertipps und Hinweise runden das Lehrbuch und Nachschlagewerk für Praktiker, insbesondere GmbH-Geschäftsführer (inkl. 1-Euro-GmbH, Limited), und Studierende an Hochschulen und Universitäten ab.

EÜR – *leicht gemacht®*

Die Einnahme-Überschuss-Rechnung für Studium und Praxis

von Reinhard Schinkel, Steuerberater
und Michael Sladek, Rechtsanwalt

Die Autoren erläutern in gewohnt fallorientierter Darstellung und abgerundet durch viele Leitsätze und Übersichten alle Einzelfragen auf dem Weg zur idealen Einnahme-Überschuss-Rechnung. Darüber hinaus werden nicht nur wichtige Grundlagen (Einordnungen etc.), sondern auch weiterführende Überlegungen (Auswertung etc.) entsprechend dargestellt.

Dieses EÜR-KOMPENDIUM richtet sich an Studierende der Steuerberufe, an Steuerfachangestellte aber auch an alle interessierten Unternehmer.

Mit einem Extra-Register für die Anlage EÜR.